rowohlts monographien
begründet von Kurt Kusenberg
herausgegeben
von Wolfgang Müller und Uwe Naumann

Moses

mit Selbstzeugnissen
und Bilddokumenten
dargestellt von
André Neher

Rowohlt

Aus dem Französischen übertragen von Stefanie Neumann und Rainer Specht
Die Zeugnisse und die Bibliographie besorgte Helmut Riege
Herausgeber: Kurt Kusenberg
Umschlagentwurf: Werner Rebhuhn
Vorderseite: Fresco aus der Synagoge von Douro-Europos
(Andersen-Giraudon)
Rückseite: «Die Stufen zum Sinai» (Roger-Viollet)

Veröffentlicht im Rowohlt Taschenbuch Verlag GmbH,
Reinbek bei Hamburg, Mai 1964
Copyright © 1964 by Rowohlt Taschenbuch Verlag GmbH,
Reinbek bei Hamburg
«Moïse et la vocation juive» © Édition du Seuil, Paris 1956
Alle Rechte an dieser Ausgabe vorbehalten
Gesetzt aus der Linotype-Aldus-Buchschrift
und der Palatino (D. Stempel AG)
Gesamtherstellung Clausen & Bosse, Leck
Printed in Germany
1290-ISBN 3 499 50094 9

4. Auflage. 26.–27. Tausend August 1997

Inhalt

Moses segnet das jüdische Volk
(Haggada von Sarajewo, 13. Jahrh.)

MOSIS NÄHE

Welche Verbindung besteht zwischen Moses und uns?

Man ist versucht zu antworten: die Verbindung, die die Allgemeinbildung garantiert. Es gibt keine Galerie großer Männer, die seinen Namen nicht anführte, ja keine, die nicht mit seinem Namen beginne, denn im Bewußtsein des Mannes auf der Straße steht Moses zeitlich an der ersten Stelle. Er ist der Älteste unter den Religionsstiftern, Gesetzgebern und Sittenlehrern, sogar unter den Eroberern. Zoroaster, Jesus, Mohammed; Solon, Justinian, Robespierre; Sokrates, Konfuzius, Rousseau; Alexander, Caesar und Tschingis Khan werden immer erst nach ihm genannt. Die Reihe der Menschheitshelden beginnt bei ihm. Zahllose bildnerische, musikalische und literarische Werke haben das Thema Moses, seinen Namen und sein Antlitz unserem Geiste immer wieder vorgeführt: selbst eine unvollständige Bibliographie der Werke über Moses, selbst ein knapper Katalog der bildlichen Darstellungen würde Bände füllen. Das Museum unserer Phantasie ist mit einer Welt von Gestalten, Ideen und Symbolen angefüllt, die alle bei Moses anknüpfen und sich von ihm herleiten lassen.

Ist diese universale Wirkung aber wirklich ein Zeichen dafür, daß Moses uns nahe ist? Man hüte sich vor Verallgemeinerungen: Wer Moses überall findet, entdeckt ihn nirgends.

Man braucht nicht sehr gelehrt zu sein, um den Nimbus eines Moses, der ganz oben auf der Liste steht, verblassen zu lassen und ihm statt dessen einen bescheidenen Platz in einer eintönigen Aufzählung zu geben. Vor ihm war Neferrohu Prophet, Hammurabi Gesetzgeber, Inotep Sittenlehrer, Sesostris Eroberer. Im übrigen ist die Überfülle an Moses-Darstellungen in unserer Kulturgeschichte irreführend und zweideutig und führt eher zu Irrtümern als zu wirklichen Kontakten. Daß Millionen Menschen Moses so sehen, wie Michelangelo ihn gestaltet hat, daß wieder andere ihn durch das Symbol der Gesetzestafeln, dieses Sinnbild der Billigkeit und Gerechtigkeit, begreifen, ist kein Beweis, daß Moses uns wirklich gegenwärtig ist. Es ist ja nicht Mosis Geist, den Michelangelo in Marmor gestaltet hat, sondern der Geist des Humanismus. In diesem stolzen, starken Adel, in dieser heiteren und zuversichtlichen Lebendigkeit, in dieser Verbindung von Kraft und Ruhe spiegelt sich die Renaissance; Moses ist dabei nur ein Anlaß und ein Vorwand. Wer weiß, ob nicht der unbekannte Künstler der Kathedrale von Chartres das Richtige traf, und Moses ein längliches, abgezehrtes, unruhig leidvolles Gesicht besaß? Oder der Künstler von Douro-Europos, dessen feingliedriger, beinahe bartloser Moses unerfahrene Jugend und Erstaunen über das Leben ausstrahlt? (Siehe das Bild auf der Vorderseite des Umschlages.) Neben dem Moses von Vigny, dem Einsamen, Wortkargen, gibt es den Moses von Schiller, den Mann der Tat, den Erfinder, den Moses Sigmund Freuds voll harter, zwingender Komplexe; den Moses Churchills, einen bissigen Diktator, brillant.

Moses, Plastik von Michelangelo.
Rom, S. Pietro in Vincoli

begabt und überlegen; es gibt den Moses der Librettisten, den Rossini, Darius Milhaud, Arnold Schönberg und Maurice Lévy mit dem Zauber ihrer Töne verklärten.

Das Arsenal der unserer Kultur vertrauten Symbole enthält die berühmten Gesetzestafeln, die Moses sogar an den Giebeln unserer Justizgebäude populär machen. Doch diese Tafeln verkörpern den Fortschritt im Sinne eines Rousseau und Robespierre, aber vielleicht nicht im Sinne Mosis.

Und wer weiß, ob Nietzsches Symbol der zerbrochenen und neugeschaffenen Tafeln Mosis Geist nicht besser erfaßt hat, der sicher die Tafeln in seinen Armen trug, aber sie eines Tages am Fuße des Berges zerschmetterte. Ist das mosaische Recht tatsächlich ein Recht von jener heiteren Ruhe, die unsere über-

Moses. Chartres (13. Jahrh.)

kommene Ordnung atmet, oder nicht vielleicht ein Recht des großen Zornes?

So erweist sich, daß uns unsere bildungsmäßige Vertrautheit mit Moses seine wahre Gestalt entrückt, denn sie preßt sie in konventionelle Klischees. Einige davon sind groß und imponierend, andere banal wie Dekorationseffekte. Es gibt kein besseres Beispiel für diese Entstellung als die Hörner, mit denen die christliche wie die weltliche Ikonographie ihn versieht. Dieses Mißverständnis geht auf einen Übersetzungsfehler des heiligen Hieronymus zurück und bringt leider in das Antlitz Mosis seit über tausend Jahren einen satanischen Zug. Das alles verhüllt uns sein wahres Gesicht. Über seinem Antlitz liegt ein Schleier. Wir müssen ihn lüften.

Wird uns die Anrufung der Bibel dabei helfen? Beruht denn nicht die wirkliche Verbindung zwischen Moses und uns auf der Bibel – auf einem Buche also, das seit dreitausend Jahren niemals aufgehört hat, das menschliche Denken zu befruchten und es mit einem Brot zu nähren, nach dem wir heute noch hungrig sind? Schüler des Mo-

9

Moses zerschlägt die Gesetzestafeln

ses sind wir alle, und zwar in verschiedenen und manchmal einander entgegengesetzten Hinsichten – durch unseren Glauben und durch unseren Zweifel, durch unsere Mystik und durch unseren Realismus, durch unser Beten und unsere Aufsässigkeit, durch unseren Rückzug wie durch unseren Einsatz. Der Jude, der Christ, der Moslem, der Humanist, der Sozialutopist, der materialistische Dialektiker, der existentialistische Denker – sie alle sehen in der Bibel die Quelle oder mindestens den Entwurf ihres Denkens. Die geistige Lage des modernen Menschen mit ihren paradoxesten Möglichkeiten macht augenscheinlich, daß Moses uns gegenwärtig ist.

Und dennoch haben wir schwerwiegende Gründe, diesem Augenschein zu mißtrauen. Auch in seiner Allgemeinheit liegt etwas Zweideutiges und Gewaltsames. Das westliche Denken neigt dazu, nicht Mosis wirkliche Gestalt, sondern seinen Mythos zu bewahren. Das müssen wir zeigen und versuchen, Moses in unserem Jahrhundert an seinen wirklichen Platz zu stellen. Man braucht nicht sonderlich aufrichtig zu sein, um heute zuzugeben, daß Moses in den Augen der meisten Menschen, die an die Bibel glauben oder sich auf sie berufen, eine mythische

Figur ist. Sicher ist innerhalb des von der Bibel inspirierten Bereiches, also vor allem in den monotheistischen Theologien und Liturgien und in den sozialistischen Doktrinen – überall dort, wo der Begriff «zeitliches Heil» oder «geistliches Heil» einen Sinn hat –, die Gegenwart Mosis eindrucksvoll. Bemerkenswerte Untersuchungen haben beschrieben, welchen Platz Moses im Neuen Testament, in der christlichen Patristik und Homiletik, im Koran und im Hadith, in der mittelalterlichen Mystik und in den Sozialutopien des achtzehnten und neunzehnten Jahrhunderts einnimmt, und es verstärkt sich der Eindruck, daß etwas von Moses im Denken des gegenwärtigen Christen, Moslem und Revolutionärs lebendig ist.

Aber auch hier handelt es sich wieder um eine verhüllte oder – was noch schlimmer ist – um eine verdünnte und retuschierte Gegenwart. Moses spielt hier niemals eine wesentliche Rolle, sondern dient in religiöser Hinsicht als Typus, in weltlicher als Quelle. Moses steht am Ursprung, also in der Vergangenheit – niemals am Schnittpunkt von Bibel und heutiger Wirklichkeit. Entscheidende, geheiligte Gestalten stehen zwischen dem Menschen des zwanzigsten Jahrhunderts und Moses: Jesus verbirgt ihn dem Christen, Mohammed dem Moslem. Jesajas, Rousseau, Proudhon und Marx dem Sozialisten, Hiob und Pascal dem Existentialisten.

Diese Feststellung ist bitterer und folgenreicher, als es auf den ersten Blick den Anschein hat. Will man den Dingen wirklich auf den Grund gehen, ist man bereit, die Worte von der Bedeutungslosigkeit zu befreien, die ihnen die Banalität verleiht, und ihnen wieder ihren ersten Sinn zu geben, so erkennt man, daß etwas Perfidie und einige Oberflächlichkeit dazugehört, wenn jemand behauptet, er sei Moses treu, nur weil er der Bibel treu ist. Nicht die ganze Bibel ist Mosis Werk, sondern nur der Pentateuch – die *Thora*, das Gesetz. Nun hat aber weder die Bibel Jesu noch die Bibel Mohammeds, Karl Marx' oder Kierkegaards dieses Gesetz in sich aufgenommen, es ihrem eigenen Wesen einverleibt. Die Geste der Ablehnung geht weiter als die Geste der Einverleibung. Die einfachen Antithesen: Gesetz und Glaube, statische und dynamische Moral, verstandener Gehorsam und metasittlicher Gehorsam zwingen zu Entscheidungen, die Moses vom Christentum, vom Islam, vom Positivismus und Existentialismus stärker entfernen, als weniger entscheidende Formulierungen ihn gegenwärtig machen können. Die heftige Ablehnung Mosis, die

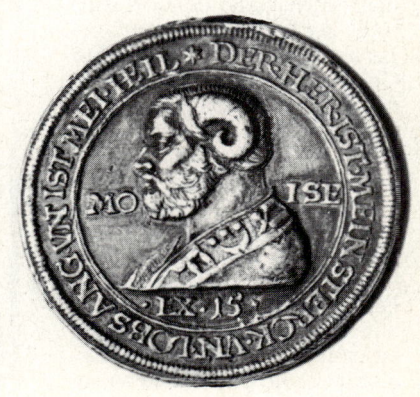

einst Marcion, und in unseren Tagen Simone Weil, zum Ausdruck brachte, ist offener, aufrichtiger und in gewissem Sinne lehrreicher als ein hastiges Vereinnahmen. Sie hilft uns, jenes «Gegenwärtigsein durch die Bibel» zu entlarven, bei dem kein Stein in seiner unabdingbaren Ganzheit bleibt: sie alle verlieren sich in einem ungestalten Durcheinander.

Es scheint, als ginge mit der Untreue gegen Mosis Werk eine um so intensivere neue Sammlung von Menschen um seinen Namen einher. Hier wirkt der Mythos ausgleichend: er gibt dem Bibeljünger die Illusion, daß er dem Namen nach einer Lehre anhängt, der er in Wirklichkeit radikal abgeschworen hat. Das typischste Beispiel liefert hier das Judentum, das freilich seine Treue zum Gesetze Mosis bewiesen hat. Das liberale Judentum des neunzehnten Jahrhunderts hat indessen die Verbindung mit der Thora zerrissen. Die «aufgeklärten» emanzipierten und assimilierten Juden sahen den wertvollen Teil der Bibel allein in den Propheten, den Psalmen und den Weisheitsbüchern – kurzum in allem, dem die christliche oder säkularisierte Kultur der Neuzeit eine Heimstatt gewährte. Der Pentateuch des Moses blieb davon ausgeschlossen; die Gegenwart verweist ihn ja in den Bereich des Archaisch-Legendären oder des Anachronistisch-Primitiven. Nun schufen aber gerade diese Juden, um einen Namen zu haben, den Namen und Begriff des «mosaischen Gläubigen». Niemals in der gesamten Geschichte der Menschheit hatte sich eine religiöse Gemeinschaft unter dem Namen Mosis gebildet. Die jüdische Neuerung im neunzehnten Jahrhundert ist äußerst bezeichnend. Gerade in dem Augenblick, da der Abfall vom Gesetze Mosis seinen Höhepunkt erreichte und zum Ärgernis wurde, weil er von Männern ausging, deren Treue gegen das Gesetz bislang über jeden Tadel erhaben war, sollte der Name Mosis den Verrat verdecken. Ein «mosaischer Gläubiger» zu sein, bedeutete, die Einzigartigkeit des Juden aufzugeben und in der Menge derer unterzutauchen, für die die Anrufung des Namens Mosis desto nichtssagender war, je weiter ihr Abfall von seinem Werk zurücklag. Im *Mosaismus* erwarb der Jude eine geistliche Anonymität, die für alle Modernen charakteristisch ist, sofern sie den Namen Mosis für sich in Anspruch nehmen.

Um über den Moses-Mythos hinauszugelangen und der wirklichen Gegenwart Mosis bei uns gewahr zu werden, müssen wir also das anfangs gestellte Problem neu formulieren. Es lautet jetzt nicht mehr: die *Bibel* und wir, sondern: die *Thora*, das Gesetz und wir.

Nun vollzieht sich aber heute, in einer Reaktion auf die Entwicklung von der Renaissance bis an die Schwelle unseres Jahrhunderts, die Rehabilitierung des Gesetzes in manchmal dramatischen Formen. Denn der Preis eines Wertes, den man besitzt, ist weniger hoch als der eines Wertes, den man besitzen möchte. Und gerade das heutige Heimweh nach dem Gesetz unterstreicht im Schaffen Bialiks oder Kafkas seine Notwendigkeit. Beide Schriftsteller bringen, jeder auf seine Weise, eine tiefe Unruhe unserer Zeit zum Ausdruck. Sie haben das Fehlen des Gesetzes in ihrem Leben als Schuld und als Versagen ihrer selbst und ihrer Generation empfunden, sie haben nach dem Gesetz gerufen, denn daß sie es ablehnen mußten, machte ihr Dasein gequält und sinnlos. «Schmiedet uns das Gesetz!» ruft Bialik am Ende einer Analyse der Glaubenskrise zu Beginn des zwanzigsten Jahrhunderts. Und Kafka schreibt am 19. Oktober 1921 in sein Tagebuch: «Nicht durch Trägheit, schlechten Willen oder Unbeholfenheit kommt es bei mir in allen Dingen – Familienleben, Freundschaft, Ehe, Beruf, Literatur – zu einem Scheitern oder nicht einmal so weit, sondern mir fehlt der Boden, die Luft, das Gesetz. Die mir zu schaffen, soll meine Aufgabe sein...»

Wo solche Rufe erschallen, wird Moses in unserem Jahrhundert

Mosis Tod. Nach einer mohammedanischen Handschrift, 14. Jahrh.

Die Zehn Gebote. Stich von Jacques Callot

plötzlich einer der vertrautesten Zeitgenossen. Nicht durch die Bildergalerie in unserem Gedächtnis, nicht durch die konventionellen Klischees des biblischen Unterrichts – sondern so, als begegneten wir ihm heute und als wäre diese Begegnung frisch und unmittelbar. Ein Moses ohne Hörner und ohne Schleier, unverborgen und unverzeichnet, enthüllt sein wahres und einzigartiges Antlitz überall da, wo das Gesetz um seiner selber willen zum Schlüsselthema eines Denkens oder eines Programmes, zur Leitlinie eines Gewissens oder Lebens wird.

Die Ökonomen entdecken bei Moses einen völlig neuen und den Bedürfnissen unserer Zeit weit besser angepaßten Sozialismus. Noch gestern beruhte die Verwandtschaft von Sozialismus und Bibel auf dem Range, den die Bibel dem Armen einräumt. Es bildete sich eine

deras en seruant

— Pere et Mere honoreras affin que tu
4. vûes longuement.

Homicide point ne seras de fait
5. volontairement.

EU

ne diras ne mantiras

L'œuure de chair ne desireras qu'en
9. mariage seulement.

Les biens d'autruy ne conuoiteras
10. pour les auoir iniustement.

eher poetische als tatsächliche, eine eher lyrische als aktive Solidar-
tät zwischen den Vorkämpfern des Proletariats und den Propheten
des Alten Testamentes. Freilich befruchtete der «prophetische» Geist
das soziale Denken Hegels, Lamennais', Marx', Darmesteters und
Péguys, aber er lieferte diesen Denkern den Elan, nicht das Programm, Begeisterung, aber keine Verwirklichung. Gegenwärtig inter-
essiert man sich vor allem für Mosis «Plan» und für die sozialen
Einrichtungen, für deren Bau und Funktionieren er bestimmend war.
Ihre Kühnheit und ihre Fruchtbarkeit ist erstaunlich, und Einzelexpe-
rimente wie in den Kibbuzim oder im Keren Kajjemet im Staate Israel tragen das Denken Mosis bis mitten in die Struktur unserer fort-
schrittlichen Gruppen. Aber auch die religiöse Erfahrung erneuert
sich in Moses. Der Monotheismus sucht seinen Ausdruck nicht mehr

15

in einer weichen, verschwommenen Religiosität, sondern bei Moses, in seiner Thora, in den durch die Talmudvorschriften erweiterten und vermehrten rituellen Forderungen des Leviticus. Die Thesen Henri Baruks, die denen der jüdischen Denker des neunzehnten Jahrhunderts so wenig gleichen, mögen anfechtbar erscheinen. Nichtsdestoweniger sind sie in einer sehr konkreten und beinahe objektiven Weise (geht es doch um Medizin und Psychiatrie) ein Symptom für die jüdische Neuformulierung des Monotheismus, die auch für die anderen monotheistischen Religionen belangreich ist. Bis vor kurzem fiel es einem Christen leicht, sofern er bereit war, zu den Quellen zurückzugehen, von einer jüdisch-christlichen Tradition zu reden. Er verband dabei in Gedanken das Prophetentum des Alten Testaments mit der Offenbarung des Neuen, ließ aber Moses und sein Gesetz, das «Pharisäertum» in jeglicher Gestalt, beiseite. Heute erfordert der Rückgang auf die Quellen, der eben für unser Jahrhundert charakteristisch ist, einen präziseren und ernsteren Einsatz. Das Judentum erkennt sich in Moses und im Gesetze wieder, also in «pharisäischen» Prinzipien. Wer einen Bindestrich zwischen Judentum und Christentum setzt und beide unter dem nämlichen Gesichtspunkt des Monotheismus zusammenfaßt, gibt damit zu, daß Gesetz und Glaube, Pharisäertum und Neuer Bund, Moses und Paulus trotz ihrer unvermeidlichen Unterschiede jeweils ihren unabänderlich «biblischen» Sinn besitzen. Vor kurzem hat Pater Démann die Christen darauf aufmerksam gemacht, daß ihr Monotheismus, um glaubwürdig zu bleiben, mit dem Blick auf Moses neu durchdacht werden müßte.

Ein solches Neudurchdenken wäre um so dringlicher, als es die jüdische Religionsphilosophie bereits vollzogen hat. Wahrscheinlich brauchten gewisse jüdische Denker nur mit dem geistigen Klima unserer Zeit im Einklang sein und mit Berdjajew und Saint-Exupéry das Bewußtsein von einer ritualistischen und kosmischen Berufung des Menschen wiederzuentdecken, um zu erfahren, daß das Judentum diese Werte, die es in einem rationalistischen Jahrhundert vergessen mußte, bereits seit Moses besaß. Das ist besonders bei Martin Buber der Fall, dessen Werk (wie Emmanuel Mounier gezeigt hat) «den jüdischen Zweig des existentialistischen Denkens» darstellt, freilich einen Zweig, der seinen Saft mehr aus dem Existentialismus als aus dem Judentum schöpft. Andere jüdische Denker jedoch, wie Jakob Gordin, Franz Rosenzweig und Abraham Heschel, beschreiben den Menschen und die Welt aus dem Geiste der jüdischen Tradition und empfinden sie mit allen ihren Epochen, mit jeder ihrer Gestalten bis hin zu ihrem gegenwärtigen Gehalt als eine unabänderliche und fruchtbare Treue zum Gesetze Mosis.

Doch der Begriff Gesetz ist nicht der einzige, der uns ermöglicht, vom Mythos Moses zur Wirklichkeit Moses zu gelangen. Jüngst wurde lebhaft ein akutes und ungelöstes Problem bewußt; ein rätselhaftes und nie assimiliertes Dasein, eine Tatsache, die man zwar kannte, an der man aber gleichgültig vorübergegangen war – bis sie sich eines Tags als d i e Tatsache erwies. Dieses Problem und diese

*Dieser Jude, von Hermann Struck um 1920 gezeichnet,
fragt sorgenvoll den Himmel: Was bringt die Zukunft?*

Moses. Aus der Kallixtus-Katakombe (4. Jahrh.)

Tatsache ist der J u d e. Und das plötzliche Aufrücken des Juden zur
Hauptfigur im Drama unseres Jahrhunderts hat Moses so aufersteh-
en lassen, wie ihn der Augenblick wieder in seiner echten Gestalt
erscheinen läßt.

Als im Jahre 1945 nach der langen und tragischen Nacht des Dritten Reiches ein neuer Morgen anbrach, taten sich zehn Schriftsteller
zusammen, um eine erste und vorläufige Bilanz zerstörter Illusionen
und möglicher Hoffnungen zu ziehen. Warum zehn? Weil sie der Überzeugung waren, daß die Ruinen der Welt sich lediglich unter dem

Zeichen des Dekalogs in Bausteine der Zukunft verwandeln ließen. Man hatte das Gesetz bis in die Fundamente verletzt, nun mußte man es bis zum Dachfirst erneuern, damit die Welt wieder ins Gleichgewicht kam. Jedes einzelne der zehn Gebote stellte das Leben der Welt als Ganzes in Frage, und die zehn Schriftsteller kamen überein, jeder solle jeweils die Grundlagen eines Gebotes erläutern. Da erwies es sich auf eine ganz natürliche Weise, daß man das erste Wort des Dekalogs, das Wort von der Gegenwart Gottes neben dem Menschen: *Ich bin der Ewige, dein Gott*, nicht besser erläutern konnte als durch das Leben und Denken Mosis, als des Architekten des Dekaloges. So wurde Moses als Person und Moses in seinem Symbol der Gesetzestafeln zum Fundament und Bauplan einer neuen und anderen Welt.

Warum mußte Thomas Mann aber scheitern, den man mit der Schaffung eines Moses-Porträts beauftragt hatte, das die Erläuterung zum ersten Gebot sein sollte? Sein Moses ist fade und gleicht allzusehr den vorgefertigten Moses-Gestalten, die fromme oder weltliche Bücherläden einem jeden bieten, der ihre theologische oder historische Abteilung betritt. Das kam ohne Zweifel daher, daß Thomas Mann sich wie ein Humanist verhielt. Sein Geist war von den nationalsozialistischen Anschlag auf die Menschenwürde verwundet, und er bemühte sich, auf dem Umweg über Moses wieder einen allgemeinverbindlichen Wert zu gewinnen. Er entdeckte Moses sub specie aeternitatis. Aber die Notwendigkeit, die die Schriftsteller, möglicherweise unbewußt, zu dieser gemeinsamen Bilanz gedrängt hatte, betraf nicht die Ordnung der Ewigkeit, sondern die Ordnung des Augenblicks. Die Pflicht, deren sich jeder genau bewußt werden und die in diesem bestimmten Augenblick der Geschichte in ausdrücklichen und unverwischbaren Lettern zum Ausdruck kommen mußte, ging nicht in erster Linie den ewigen und auswechselbaren Menschen, sondern einen besonderen und unableitbaren, in ein einzigartiges Schicksal gepreßten Menschen an: den jüdischen Menschen. Hatte auch das Hakenkreuz die gesamte Menschheit zerrissen, so richtete sich dennoch sein schwerster Angriff gegen den Juden. Dem neuen Verstehen der Situation des Menschen mußte ein Verstehen der Situation des Juden vorausgehen.

Hätte Thomas Mann sein Thema besser verstanden, so hätte er aus Moses wirklich den Menschen des ersten Gebotes gemacht, das heißt, den Menschen, den Gott sucht, mit dem er etwas vorhat, den er ergreift: *Ich bin dein Gott*. Den Menschen, der ewig der Zweite und Angeredete ist, der nie mit seinem Ich allein ist, dessen Einsamkeit nur Illusion oder Täuschung sein kann und der früher oder später seinem großen Gesprächspartner begegnet, er mag ihn küssen oder verwunden.

Dann hätte er auch zeigen können, wie Moses dieses Du von seiten Gottes verstand: nicht als einen Ruf an ihn als einen Einzelnen, auch nicht als eine Einladung an die ganze Menschheit, sondern als d a s ein für allemal zum jüdischen Volke gesprochene Wort. Zu einem Volk, für das es fortan kein Entrinnen mehr gibt. Du willst wie alle anderen sein? Du, der Andere, der Zweite, der Partner? Gott steht auf deinem Pfad, er ist dein Weg und deine Schranke, dein Hirt und dein Wolf, dein Vater und dein Richter, dein Gemahl in Liebe und Eifersucht. Er begleitet dich, verborgen oder offen, und sooft du glaubst, ihm zu entrinnen, läufst du in Wahrheit auf ihn zu. Im absoluten Anderssein deines Daseins bist du es, dessen Sein Mein eigen ist.

Das «Mysterium» Israels, das in unserem Jahrhundert so feierlich bekräftigt wurde, kann nur von Moses aus verstanden werden. Weder Abraham noch Hosea oder Jeremias haben so überzeugend wie Moses gedacht und gelebt, was an Israel unvertauschbar ist. *Unser Vater*, sagen die Juden, wenn sie von Abraham, *unser Lehrer*, wenn

Gefangene Sethos' I. (Karnak)

sie von Moses sprechen. Ein wichtiger Unterschied, jedoch viel weniger grundlegend als dieser: Abraham ist der Vater vieler Völker, während Moses der Lehrer d i e s e s Volkes ist. Abraham ist das Vorbild der Gemeinschaft aller Völker; in Moses vollzieht sich die unableitbare Berufung des jüdischen Volkes inmitten dieser Gemeinschaft.

Hosea und Jeremias preisen die unlösbare Verbindung Gottes mit Israel in feierlichen Tönen. Moses empfindet angesichts des Ernstes dieses Bundes noch stärker seine eigene unzerstörbare Verbindung mit Israel. Ihn als den einzigen von allen Menschen der Bibel stellt Gott vor die Wahl, Israel untergehen zu lassen und die Geschichte mit einem anderen Volke von vorn zu beginnen. Moses lehnt ab: trotz der unendlich vielen Risiken will er mit d i e s e m Volk die Geschichte

fortsetzen, soll d i e s e s Volk die Geschichte fortsetzen. Welch eine absurde Verpflichtung, die Gottes Klarsicht und den Gegebenheiten der Wirklichkeit widerspricht! Aber Mosis Entscheidung ist ernst und beharrlich. Wir erblicken ihre unmittelbare und unwiderrufliche Folge, wenn die irrationale und unverortbare Existenz des Juden vor unseren Augen auflebt und sich behauptet.

Ein Beispiel: das Abenteuer des Zionismus gehört zu den erstaunlichsten Abenteuern der Neuzeit. Vieles daran kann man mit analogen Beispielen vergleichen sowie mit logischen Gesetzen erklären; Liberia, Indien und China bieten aufschlußreiche Parallelen. Und dennoch bleibt bei Israel ein irrationaler Rest: die unveräußerliche Bindung an Palästina. Gegen diese Wahl sprach alles: die politischen Konstellationen, die wirtschaftliche Situation, die Notwendigkeit, eine bleibende Heimat für Millionen Verfolgter zu schaffen. Und dennoch verwarf man den «Territorialismus» und gründete den Staat Israel auf d i e s e m Boden. Dieser Entschluß hält das Ganze zusammen und kann allein durch das Weiterleben des mosaischen Entschlusses erklärt werden. Die grundlegende Rechtfertigung des Staates Israel liegt in einer Sache, die sich nicht rechtfertigen läßt. Und man kann es bedauern, daß die israelische Staatsverfassung Moses nirgends erwähnt. Sie beruft sich in der Tat auf die biblischen Propheten; aber hier haben die Gründer Israels dem Wahne der Universalität nachgegeben. Auch sie setzten an die Stelle der Wirklichkeit den Mythos. Wenn man die Bibel als Ganzes mit der verschwommenen Vokabel «prophetisch» bezeichnet, so garantiert sie möglicherweise Abrahams Land nicht bloß dem jüdischen Volke. Claudel und Massignon haben nicht versäumt, daran zu erinnern. Die geistige Wirklichkeit, die das Recht des jüdischen Volkes auf seinen Boden trägt, ist Moses.

Daß ein Volk unabhängig wird, ist eine wichtige Tatsache. Die Juden haben aber im zwanzigsten Jahrhundert eine schwerere Tatsache erlebt, nämlich jene, deren tragischste Gestalt der bloße Name Auschwitz umreißt. Auch dieses Geschehen kündigt sich bei Moses an.

Die Ähnlichkeit des Rahmens ist verblüffend. Betrachtet man innerhalb von Hitlers KZ-System die Tatsache der Judenverfolgung allein, so bietet kein anderes Beispiel so viele Analogien dazu wie das ägyptische zu Mosis Zeiten. Ägyptische Urkunden und das Zeugnis der Bibel, die beide über dreitausend Jahre älter sind als das Dritte Reich, bringen uns das Ereignis nahe, und alles läuft so ab, als wiederholte sich in der Geschichte nach einer Spanne von dreitausend Jahren das gleiche Geschehen zum zweiten Male.

Aber es gibt noch eine andere Ähnlichkeit, die tiefer liegt und die wir beachten müssen. Christopher Fry hat sie in seinem Werk «The Firstborn» festgehalten. Moses wuchs am Hof des Pharao auf und genoß seinen Schutz, er selber war vom Schicksal der Hebräer nicht betroffen und hätte sein Leben als Ägypter, als assimilierter und privilegierter Jude, genau wie die anderen noch lange weiterführen können. Aber plötzlich erwachte in ihm das jüdische Gewissen; das faßt die Bibel in ein paar lapidaren Worten zusammen: *Zu den Zeiten, da Moses groß geworden, ging er aus zu seinen Brüdern* (Ex. 2, 11). Ein umwälzender, ein folgenschwerer Ausgang. In einer Atmosphäre von Schmutz, von Schweiß und Blut wird Moses wieder zum Juden. Und dies ist die Erfahrung, durch welche Moses für den Juden des zwanzigsten Jahrhunderts zum engsten Vertrauten wird.

Denn der Jude des zwanzigsten Jahrhunderts lebte wie Moses in der Illusion, *er wäre wie die anderen*. Genau bis Auschwitz. Da erwachte im Schmutz, im Schweiß und Blut das Bewußtsein eines unabänderlich anderen Schicksals. Im Martyrium der sechs Millionen europäischen Juden ist die typische Figur gerade nicht die des Märtyrers, ich meine des Juden, der seinem Judentum von der Wiege bis zum Grabe treu geblieben ist; der wußte ja, dies war das erste Brandopfer nicht, und es gehörte zum Gesamtplan eines Bundes, der seine strahlenden und hellen Punkte hatte, aber auch seine Nächte und Nebel. Die typische Figur ist vielmehr die des Märtyrers wider Willen, des aus seinem Wurzelgrund gelösten Juden, vor dessen erstaunten Augen, «erstaunt, daß er so wenig versteht», der Tod erschien; für den die Wiederentdeckung der Situation des Juden ein schmerzhaftes Erwachen war. Das ist der Jude, den alles dazu prädisponierte, seinem Schicksal zu entrinnen: die weit zurückliegende Assimilierung an die Sitten aller, die manchmal bis zum Vergessen des Jude-seins vorangetrieben wurde, die edle Stimme eines säkularisierten humanitären Judentums, das starke Verlangen nach Vergebung und Vergessen der Vergangenheit; den aber plötzlich alles auf ein Schicksal zurückwarf, das er nun verzweifelt zu entziffern suchte, das aber unausweichlich war, selbst wenn es dunkel blieb. Die Zeugnisse eines solchen «Ausgehens zu den Brüdern» sind viel zu zahlreich und mannigfaltig, als daß ich sie hier alle anführen könnte. Manchmal geschah diese Heimkehr freiwillig, gelegentlich auch unter Zwang; manchmal äußerte sie sich in einer geistigen Wiederentdeckung der jüdischen Werte, gelegentlich in einer inneren Neuordnung aller Kräfte der Person. Hier mag, um die Wandlung in ihrer Dichte anzudeuten, der Hinweis auf zwei Texte genügen: der eine ist der «Moses» von Sigmund Freud, den er 1930 verfaßte, als der Orkan des Dritten Reiches sich ankündigte. Der Anbruch der Hitlerzeit erinnert Freud daran, daß er ein Jude ist: es war ihm in siebzig Jahren seines Daseins fast entfallen und gewann nun plötzlich eine entscheidende Bedeutung für ihn. Fortan bedarf er einer Gestalt, deren Analyse weniger das Verlangen nach der Erkenntnis anderer, als die Sehnsucht nach dem Verständnis des eigenen Wesens stillen soll, und er findet sie in Moses. Daß der exegetische Unterbau dieser Studie durchaus fragwürdig ist, daß letzten Endes die Analyse in ihr zur Selbstzerstörung führt, ist dabei nebensächlich und für den dokumentarischen Wert des Buches belanglos. Einer der typischsten Repräsentanten der entjudeten Intelligenza teilt sich uns hier in dem erregenden Augenblick der Wieder-

«Beschuldigt des Verbrechens, da zu sein . . .» Aus dem Getto ins Konzentrationslager. (Aus dem «Buch ohne Namen», Holzschnitt eines anonymen Überlebenden aus Auschwitz. Ungarn 1947)

entdeckung seines jüdischen Bewußtseins mit und handelt von Moses. Der zweite Text: einige Verse aus einem Gedicht des jungen jüdischen Philosophen Benjamin Fondane, der über Rimbaud und Hegel meditierte und «keine Zeit hatte, fertig zu werden», als der Transportzug ihn von Drancy nach Auschwitz brachte:

Ich spreche zu euch, Mensch der Antipoden.
Ich spreche von Mensch zu Mensch
mit dem Stückchen Mensch, das noch in mir ist,
mit dem Stückchen Stimme, das meiner Kehle noch bleibt.
Mein Blut liegt auf den Straßen. Möchte es, ach möchte es
nicht Rache schreien.
Das Halali wird geblasen. Die Tiere sind umstellt.
Laßt mich zu euch sprechen mit denselben Worten,
die unser Erbteil waren:
nur wenige sind noch verständlich!

Ein Tag wird kommen, das ist sicher, da wird der Durst gestillt.
Wir werden jenseits des Erinnerns sein. Der Tod
hat die Werke des Hasses vollendet.
Dann ... o ja! Wisset, ich hatte ein Gesicht
wie ihr; einen Mund, der betete wie ihr.

Ich habe wie ihr alle Zeitungen, alle Schmöker gelesen
und ich habe nichts in der Welt verstanden,
und ich habe nichts am Menschen verstanden,
obwohl es mir oft geschah, daß ich
das Gegenteil behauptete.
Und als der Tod, der Tod kam, habe ich
vielleicht behauptet, ich wüßte, was er ist; doch wirklich,
in dieser Stunde kann ich es euch sagen:
er ist völlig in meine erschrockenen Augen getreten,
erschrocken, weil sie so wenig verstanden.
Habt ihr besser verstanden als ich?

Und dennoch, nein!
Ich war kein Mensch wie ihr.
Ihr wurdet nicht auf den Straßen geboren.
Niemand warf eure Kleinen in den Ausguß
wie Katzen, die noch keine Augen haben.
Ihr irrtet nicht von Stadt zu Stadt,
gejagt von Polizisten,
ihr kanntet nicht die Katastrophen des Morgengrauens,
die Viehwaggons
und das bittere Schluchzen der Erniedrigung,
angeklagt eines Vergehens, das ihr nicht begingt,
des Verbrechens, da zu sein ...
Namen und Gesicht verändernd,

um nicht einen Namen zu tragen, den man verhöhnte,
ein Gesicht, das aller Welt als Spucknapf diente!

Wenn ihr dieses Büschel Nesseln zertretet,
das in einem anderen Jahrhundert ich selber war,
in einer Geschichte, die für euch verjährt ist,
erinnert euch nur, daß ich unschuldig war
und daß ich wie ihr alle, Sterbliche, an jenem Tage,
auch ich, ein Antlitz hatte, das gezeichnet war
vom Zorn, vom Mitleid und der Freude,
ganz einfach ... ein Menschenantlitz.

Die Dichtung trägt den Titel «Exodus». Wahrscheinlich ein bewußter Anklang an Moses. Aber selbst wenn er zufällig wäre, so stellten
dennoch die Verse Fondanes, die von der jüdischen Andersheit gequält sind, in unserem Jahrhundert das wahre Antlitz Mosis besser
dar als jene stolze Heiterkeit im Marmor Michelangelos.

Israel: der Wald der Märtyrer wird gepflanzt

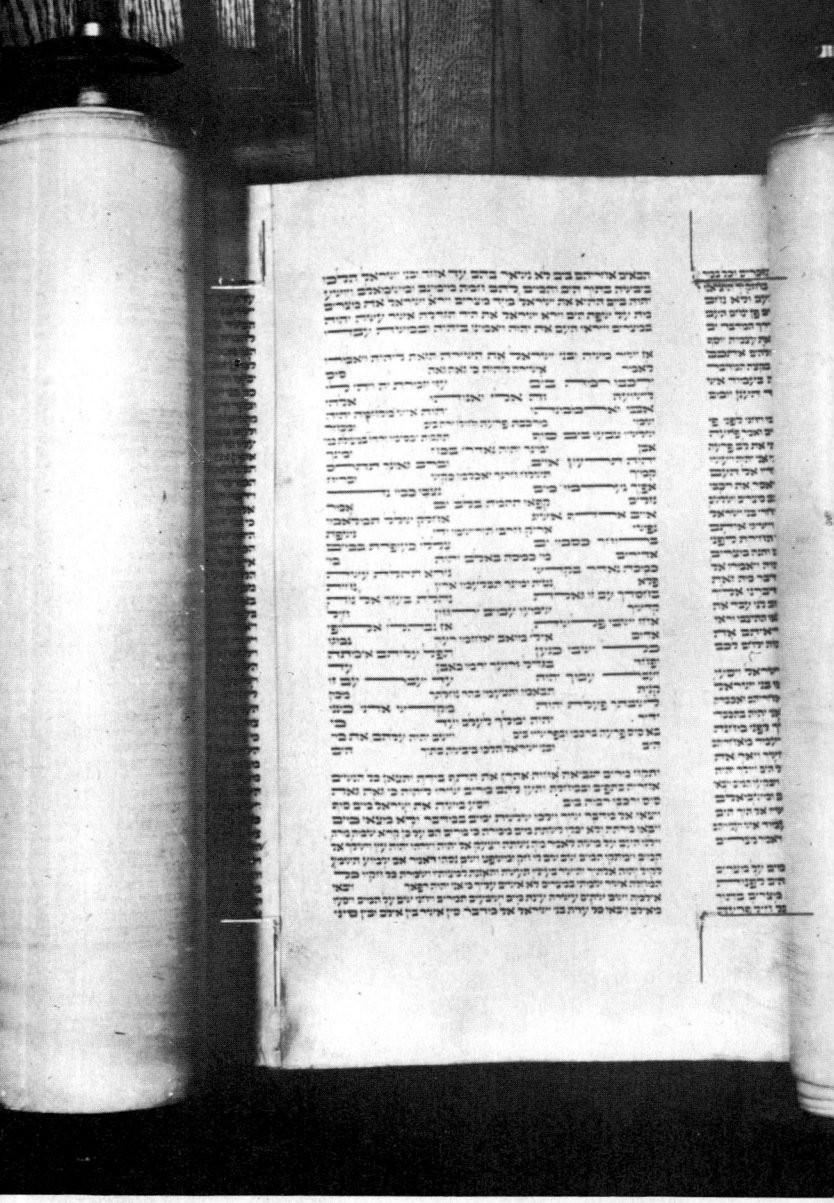

Die Thora

WER IST MOSES?

Auf schweren, ehrwürdigen Pergamenten besitzen wir seit Jahrhunderten die *Thora* in langen, majestätischen und monumentalen Kolumnen einer regelmäßigen Schrift. Hier überliefert uns die hebräische Sprache mit ihrer plastisch wirkenden Quadratschrift das Originalwerk Mosis in fünf Büchern (Pentateuch): die von ihm verfaßten Berichte über die *Genesis* der Welt, die Sintflut, den Bund zwischen Gott und Abraham, Isaak und Jakob; den Bericht von Mosis eigenem Leben und seinem ersten Auftreten in Ägypten zur Zeit des *Exodus;* das gesamte, am Sinai geoffenbarte Gesetz im *Leviticus;* die *Numeri*, Irrfahrten des hebräischen Volkes, das Moses durch die Wüste der arabischen Halbinsel führt; und schließlich das *Deuteronomion*, die letzte Rede Mosis und den Bericht über seinen Tod vor den Toren des gelobten Landes Kanaan. Dieser Text ist gegenwärtig in nahezu tausend Sprachen übersetzt (kein anderes menschliches Buch erreichte diesen Rekord): abgesehen von Nuancen der Übersetzung ist er unverändert. Mosis Pentateuch ist gleichzeitig Grundstein und Baugrund der Bibel, der vierundzwanzig kanonischen Bücher der jüdischen, der sechsundvierzig kanonischen Bücher der katholischen Bibel. Er trägt und gliedert sie: man kann sie nur über ihn betreten. Wir bitten den Leser, sich vor diesem Text zu sammeln und ihn zu meditieren: er findet keinen besseren Führer, um Moses kennenzulernen.

Vor kurzem wäre eine solche Bitte noch naiv erschienen. Weder Mosis Authentizität noch die Ursprünglichkeit des Pentateuchtextes hätten Menschen zugegeben, für die Erkenntnis in erster Linie von Wissenschaft und Geschichte abhängt. Alles wurde verdächtigt, kritisiert und verworfen. Am Ende einer Entwicklung, die von Spinoza bis zum Morgengrauen unseres zwanzigsten Jahrhunderts reicht und deren berühmteste Träger der Oratorianer Richard Simon, der Leibarzt Ludwigs XV. Jean Astruc sowie der Marburger Historiker und Exeget Julius Wellhausen waren, galt der Pentateuch nur noch als eine Kompilation aus mehreren Dutzend Dokumenten, die im Laufe der Jahrhunderte entstanden waren und sehr verschiedene und oft einander widersprechende Inspirationen und Anschauungen zeigten. Die endgültige Redaktion des Textes sollte ein gutes Jahrtausend später sein als vermutlich Moses. Demnach eröffnete nicht mehr die hieratische Pergamentrolle der Synagogen den Zugang zu Moses, sondern eine jener Regenbogeneditionen der Tübinger Bibel, bei welcher jede Farbe eine andere Quelle, eine andere Epoche, einen anderen Autor bedeutet, bezeichnet durch Sigel wie J, E, D, P, JE; ihre Terminologie ist beinahe so kompliziert wie die der Chemie. Es kam sehr bald zur Reaktion auf eine so auf die Spitze getriebene Kritik. Im Augenblick formt sich diese Reaktion zu einer Theorie, ermutigt und angereichert durch die Soziologie, die vergleichende Religionsgeschichte und Mythologie sowie durch die Resultate archäologischer Ausgrabungen und überhaupt durch eine neue Methode des Denkens. «Der Inhalt unseres Pentateuch», schreibt 1959 W. F. Albright in seiner «Archaeology of Palestine», «ist im allgemeinen viel älter als seine endgültige Redaktion; neue Entdeckungen bestätigen immer wieder die historische Exaktheit oder das literarische Alter eines Details nach dem anderen. Selbst wenn es nötig ist, spätere Erweiterungen des ursprünglichen Kernes der mosaischen Tradition anzunehmen, spiegelt sich in diesen Erweiterungen das normale Wachstum alter Institutionen und Bräuche oder die Bemühung späterer Schriftgelehrter, so viel wie möglich von den bestehenden Traditionen über Moses zu retten. Es hieße also überkritisch sein, wenn man den im wesentlichen mosaischen Charakter der Pentateuch-Überlieferung leugnen wollte.» Übrigens gibt es daneben eine ganze Anzahl von Autoren, die Moses auch nach der Anwendung der textkritischen Methode wichtige Teile des Pentateuchs zuschreiben, teils in ihrer wörtlichen Fassung: den Dekalog (Rowley, Baron) und die apodiktischen Gesetze (Alt); oder häufiger in ihrer allgemeinen Tendenz: die historischen Erzählungen (E. Jacob), die Koexistenz von priesterlichem und deuteronomistischem Geist (Dusseau).

Hüten wir uns jedoch vor allzu bequemen Kompromissen, vor einem gutgemeinten, aber trügerischen Harmonisierungsdrang. Die jüngste Erfahrung mit Martin Noth soll uns warnen. Dieser Exeget erklärt am Ende seines Forschens in der biblischen Geschichte im Lichte wertvollster kritischer Untersuchungen, es wäre absurd, das Auftreten Mosis für «historisch» zu erklären («Geschichte Israels», 1954). Eine wertvolle Warnung! So besteht der Zweifel selbst heute fort, obwohl so viele gelehrte «Wiederherstellungen» Mosis und seines Werkes «wahrscheinlich» erscheinen: es ist weiterhin möglich, daß diese Tendenzen und Wahrscheinlichkeiten trügen; es ist weiterhin möglich, eine Geschichte Israels zu verfassen, in welcher man Moses nicht zuschreiben kann, was ihm die Bibel zuschreibt – weder sein Leben noch sein Werk.

Letzten Endes muß man wählen. Gewiß durchaus nicht zwischen Legende und Wirklichkeit; aber zwischen zwei Wirklichkeiten: einer kalten, rationalen, logischen; und einer warmen, suggestiven, anheimelnden. Die eine übernimmt das «Heilige» als eine Lichtquelle, die es erlaubt, die Erhellung mit mathematischer Präzision in einem systematischen Verfahren zu regeln; die andere nimmt eine plötzliche und alles durchdringende Ausbreitung des «Heiligen» an. Bei einem Buch wie diesem, das seinem Ursprung und seiner Entwicklung nach kein logisches Faktum, sondern eine «Spiritualität» mit all ihren überraschenden und nicht analysierbaren Zügen erfassen möchte, wird man dem Autor gestatten, seine Wahl mit Nachdruck zu treffen. Es sind in der letzten Zeit so viele analytische Werke über Moses entstanden, daß man verzeihen wird, wenn dieses das Ereignis Moses in seiner Ganzheit erfassen will. Der Gegenstand der Untersuchung berechtigt uns dazu, desgleichen das Gefühl, das angesichts der Bibel jeder Mensch empfinden darf, ohne rot zu werden; Pascal nennt es: «das Wagnis». Unsere Quelle also wird der Pentateuch sein; die Einleitung zu unserer Untersuchung aber eine Zusammenfassung des Inhalts dieses Buches, die freilich gegenüber dem Original ziemlich blaß ist.

Wie die gewissenhaften Schreiber von einst, wollen auch wir, ohne den Text als solchen anzutasten, einige vorsichtige, aber unentbehrliche Glossen anfügen. In den Text der Zusammenfassung bringen wir außer den biblischen Angaben noch die der mündlichen jüdischen Tradition, auch einige Legenden aus den apokryphen Schriften, die sich harmonisch in den Geist des Pentateuchs einfügen. Den Rand versehen wir mit chronologischen und historischen Angaben. Dazu brauchen wir mindestens zwei Zahlenreihen. Es ist nämlich nicht zu einem Ausgleich zwischen mehreren Hypothesen gekommen, die sich alle auf die Daten des Pentateuchs, der Historie und der Archäologie berufen. Beide Seiten bringen strenge Beweise; sie sind jedoch durchaus noch nicht zu gültigen Ergebnissen gekommen. Am linken Rand finden sich die Angaben der längeren Chronologie, nach welcher Moses im fünfzehnten Jahrhundert vor Christus lebte. Auf dem rechten Rand steht die kürzere Chronologie, nach welcher Moses im dreizehnten Jahrhundert vor Christus gelebt hat.

LANGE CHRONO-LOGIE		KURZE CHRONO-LOGIE
	Moses, Sohn des Amram, Sohn des Qahat, Sohn des Levi, Sohn des Jakob, Sohn des Isaak, Sohn Abrahams des Hebräers.	
	Gott versprach Abraham Nachkommenschaft und den Besitz des Landes Kanaan.	
	Vier Jahrhunderte verfließen zwischen der Verheißung und ihrer Verwirklichung.	
	Während dieser vier Jahrhunderte spielt sich die Geschichte der Patriarchen ab.	
	Das Drama Josephs, des Sohnes Jakobs, führt zum Zug nach Ägypten.	
	Der Stamm der Hebräer siedelt in Goschen nordöstlich vom Delta des Nils.	
	Ein friedliches Jahrhundert. Aus dem Stamm wird ein Volk.	
1536: Regierungsantritt Thutmosis' I.	Auftreten einer neuen ägyptischen Dynastie: Beginn der Verfolgung des hebräischen Volkes. Akute Phase der Verfolgung: alle Knaben müssen im Nil ertränkt werden.	1313: Regierungsantritt Sethos' I.
1520: Eingreifen Hatschepsuts, der Tochter Thutmo-	*Geburt Mosis.* Sein Vater: Amram. Seine Mutter: Jokebed, Tochter Levis. Sein älterer Bruder: Aaron. Sei-	1305

Die Ahnen: Abraham und Isaak (Haggada von Sarajewo, Nordspanien oder Südfrankreich, 13. Jahrh.)

Mosis Errettung aus dem Wasser (Haggada von Sarajewo)

Vorbereitung des Auszugs aus Ägypten
(Haggada des Earl of Crawford, spanische Arbeit des 13. Jahrh.)

Der brennende Dornbusch (Haggada von Sarajewo)

sis' I.; nach der kurzen Regierungszeit Thutmosis' II. heiratet sie Thutmosis III., der bis 1483 gänzlich im Hintergrund steht.

Der Feldzug von Punt (Somaliland) unter Hatschepsut. Tempel zu Deir-el-Bahari.

1483: Tod Hatschepsuts. Thutmosis III. beginnt, selbst zu regieren. Scharfe Maßnahmen gegen die Anhänger Hatschepsuts.

1448: Tod Thutmosis' III.

ne ältere Schwester: Mirjam. Bis zum Alter von drei Monaten bleibt Moses versteckt, dann setzt ihn seine Mutter im Nilschilf aus. Bithya, die Tochter des Pharao, findet ihn; sie vertraut ihn erst Jokebed an und adoptiert ihn, als er größer wird. Der Name, den ihm Bithya gibt, bedeutet auf hebräisch: «Ich habe ihn aus dem Wasser gezogen», und auf ägyptisch: «Mein Sohn».
Moses wächst am Hof des Pharao auf. Er wird in allen Wissenschaften Ägyptens unterrichtet. Im Dienst des Pharao führt er einen erfolgreichen Feldzug gegen die Nubier.
Mosis erster Kontakt mit seinen hebräischen Brüdern.
Moses tötet einen Ägypter, der einen Hebräer niedergeschlagen hat, und verscharrt ihn im Sand. Am folgenden Tag schilt er einen Hebräer, dem er vorwirft, daß er mit einem seiner Brüder streitet. Der Hebräer gibt Moses eine heftige Antwort und deutet an, daß ihm der gestrige Mord bekannt ist. Der Mord wird ruchbar, wahrscheinlich infolge einer Anzeige. Moses wird von den Schergen des Pharao verfolgt und flieht.
Mosis Exil in Midian:
Das halbnomadische Volk der Midianiter siedelt im Süden der arabischen Halbinsel in den Steppen, die ans Gebirgsmassiv des Horeb grenzen. Moses rettet die Töchter des Priesters Jethro vor der Brutalität der Hirten. Jethro nimmt ihn auf, gibt ihm seine Tochter Zippora, «das Vögelchen», zur Frau und vertraut ihm seine Herden an. Zwei Knaben werden geboren, Gersom, *denn ich bin doppelt ein Fremder,* und Elieser, *der Gott meines Vaters ward mir zur Hilfe.* Jethro dürstet nach Gott und kennt die monotheistischen Traditionen Abrahams. Mosis levitische und ägyptische Ausbildung wird durch die Lehre Jethros ergänzt.
Tod des Pharao, der die Hebräer verfolgte: gegen Ende von Mosis Exil.

1292: Ramses II. besteigt den Thron.

1225: Tod Ramses' II.

Moses ist achtzig Jahre alt: die Vision vom brennenden Dornbusch.
Gott offenbart sich Moses und betraut ihn mit der Aufgabe, das hebräische Volk zu befreien. Moses zögert. Gott zwingt ihn, anzunehmen.
Mosis Rückkehr nach Ägypten.
Er läßt seine Frau und seine Kinder bei Jethro zurück. Aaron geht ihm entgegen.
Erste Schritte wegen des Exodus.
Das hebräische Volk glaubt an Mosis Botschaft, der Pharao aber antwortet darauf mit einer unerfüllbaren Bedingung und mit verstärkten Unterdrückungsmaßnahmen. Die Hebräer fallen in ihre Verzweiflung zurück. In seiner Angst fragt Moses den Herrn. Gott wiederholt sein Versprechen und befiehlt Moses und Aaron, noch einmal vor den Pharao zu treten.
Die Zeichen und die Plagen.
Vor den Augen des Pharao verwandeln Moses und Aaron ihren Stab in eine Schlange. Dann folgen dicht aufeinander neun Plagen, die ganz Ägypten heimsuchen: Blut, Frösche, Ungeziefer, wilde Tiere, Pest, Geschwüre, Hagel, Heuschrecken und Finsternis. Anfangs gelingt es den Zauberern, die gleichen Wirkungen hervorzurufen, aber bald erkennen sie den Finger Gottes. Sooft eine Plage ihren schlimmsten Punkt erreicht, verspricht der Pharao den Exodus; dann nimmt er sein Wort zurück, sobald die Plage aufgehört hat. Sein Herz ist verstockt. Er kann nicht mehr zurück und bleibt bei seiner Weigerung.
Verkündigung des Exodus:
Am Anfang des Frühlingsneumonds, der fortan der erste Monat des hebräischen Kalenders ist, verkündigt Gott den Exodus für die Vollmondnacht. Die Hebräer bereiten das Passahlamm.
Letzte Unterredung zwischen Moses und dem Pharao. Der Pharao verbietet Moses bei Todesstrafe, wieder vor ihm zu erscheinen. Moses erwidert: Ich werde dich nie wiedersehen.

Hagel und Heuschreckenplage (Haggada von Sarajewo)

Passahnacht (Haggada des Earl of Crawford)

Der Exodus: Die Nacht zum 15. Tage des ersten Monats. Passahnacht. Die Hebräer haben die Lenden gegürtet, sie tragen Schuhe an den Füßen und einen Stab in der Hand. Sie essen das Passahlamm zu ungesäuertem Brot und Bitterkräutern. Sie verlassen ihre Häuser nicht, die Pfosten sind mit dem Blute des Lammes bestrichen. Gott schlägt alle Erstgeborenen Ägyptens vom Erstgeborenen des Pharao bis hinab zum Erstgeborenen des Gefangenen. Das ist die zehnte und letzte Plage. Eine schreckliche Nacht für Ägypten. Das ganze Volk, vom Pharao bis zum Mann auf der Straße, drängt die Hebräer zum Abzug; sie verlassen Ägypten am Morgen des 15. Tages des ersten Monats. Das Passahfest wird zu einer bleibenden Einrichtung.

Die ersten Etappen: Von Ramses nach Sukkoth, von Sukkoth nach Pihachiroth an der Küste des Roten Meeres. Das ist der längere Weg nach Kanaan. Gott wählt ihn mit Absicht, um die Uferstraße zu umgehen, die durch den jüngsten Einfall der Philister gefährlich geworden ist. Ebenso absichtlich läßt Gott Israel an der Küste des Roten Meeres lagern. Die Ägypter wachen auf; sie bereuen, daß sie die Hebräer fortgelassen haben, und denken, es sei leicht, sie in der Wüste einzuholen, in der sie sich nach Ansicht der Ägypter verirrt haben müssen.

Israel geht trockenen Fußes durch das Rote Meer: Die Ägypter werden von den Fluten verschlungen, die sich vorher teilten, um die Hebräer durchzulassen. Moses, Mirjam und das ganze Volk singen den Lobgesang.

Zwischen Rotem Meer und Sinai:
Erstes Murren des Volkes: Das Wasser von Mara ist bitter. Moses wirft ein Stück Holz hinein und macht es süß. Rast in der Oase Elim. Der aus Ägypten mitgenommene Proviant ist erschöpft. Das Manna fällt zum erstenmal in der Wüste Sin am 15. Tage des zweiten Mo-

nats. Es wird für vierzig Jahre zum Hauptnahrungsmittel der Hebräer. Außer am Sabbat fällt es jeden Tag frisch. Wunderbarerweise sind die aufgelesenen Rationen bei jedem gleich. Am Tage vor dem Sabbat verdoppeln sie sich. In Raphidim gibt es kein Wasser. Da schlägt Moses an den Felsen, und es springt ein Quell hervor. Die Amalekiter greifen die Hebräer an. Mosis Schüler Josua siegt. Jethro kommt und bringt Moses seine Frau und seine Kinder. Jethro erkennt die Wahrheit des Ewigen und rät Moses, Richter einzusetzen, die ihn bei seiner Aufgabe als Führer des Volkes unterstützen. Als man sich dem Sinai nähert, ist also Israels Lager auf Gerechtigkeit und Frieden gegründet, wie es der erste Proselyt gelehrt hat.

Am Anfang des dritten Monats: *die Offenbarung der zehn Gebote auf dem Sinai.*

Große Theophanie: der Bund wird geschlossen. Moses bleibt vierzig Tage ohne Speise und Trank auf dem Sinai. Gott vertraut ihm die steinernen Tafeln an, auf die er die zehn Gebote gemeißelt hat. Offenbarung des bürgerlichen, Straf- und Religionsrechts und der Gesetze über das Heiligtum.

Am Tage vor Mosis Rückkehr ins Lager: *das Volk macht ein goldenes Kalb und betet es an.* Am folgenden Tage steigt Moses vom Sinai hinab und zerschmettert die Gesetzestafeln. Bestrafung der Götzendiener und Erwählung der Leviten zum Priesteramt.

Neuer Aufenthalt Mosis auf dem Sinai: er betet um Verzeihung für das Volk. Gott erscheint in der Grotte. Offenbarung der göttlichen Barmherzigkeit. Als Moses vom Berg herniedersteigt, glänzt sein Antlitz. Gott verzeiht am 10. Tag des siebenten Monats: Einsetzung des feierlichen Fastens (Kippur).

Errichtung der Stiftshütte: Sie wird im zweiten Jahr am ersten Tag des ersten Monats eingeweiht. Die bei-

Links oben: Das Heer des Pharao verfolgt die
Hebräer (Haggada des Earl of Crawford)

Mitte: Der Zug durch das Rote Meer
(Haggada von Sarajewo)

Unten: Das Manna (Haggada von Sarajewo)

Die Gesetzestafeln
(Haggada von
Sarajewo)

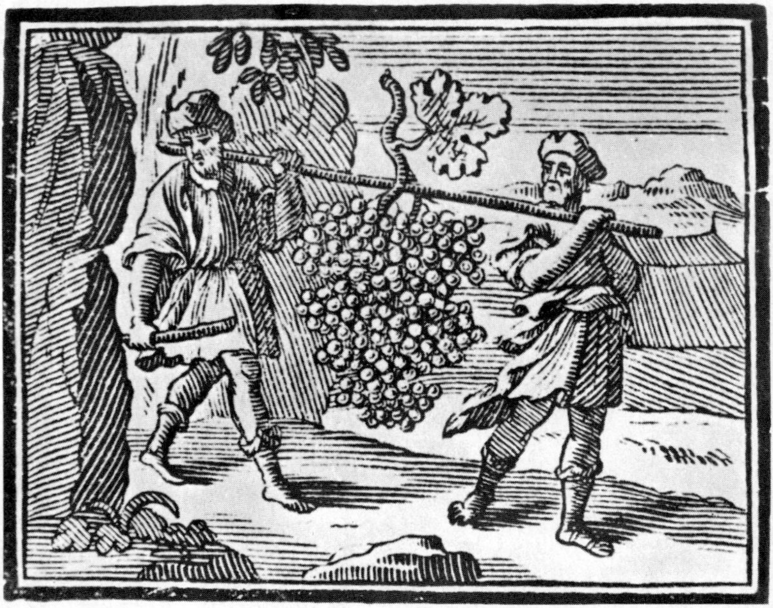

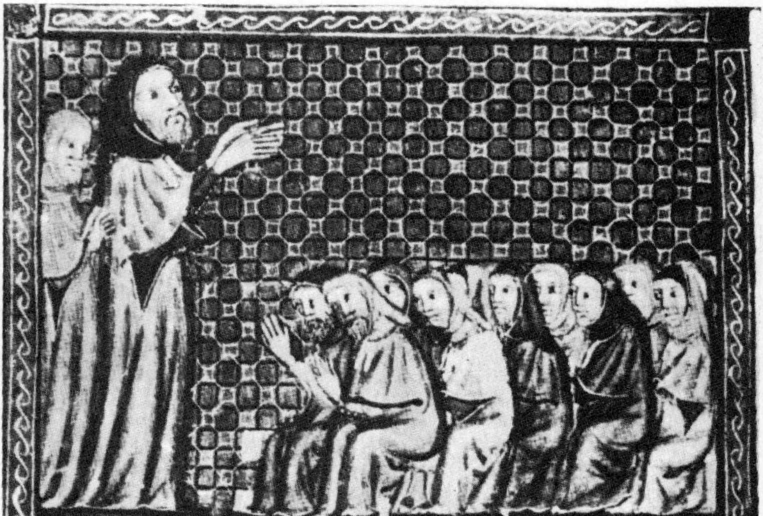

den ältesten Söhne Aarons sterben am Tage der Einweihung. Offenbarung der Gesetze des Leviticus: Opfer, Speisegesetze, Reinheitsvorschriften, Kreis der Sabbat- und Jobeljahre. Am 15. Tage des ersten Monats wird das Passahfest gefeiert: erster Jahrestag des Exodus. Zählung des Volkes und Gliederung des Lagers.

Am 20. Tage des zweiten Monats im zweiten Jahr wird das Lager abgebrochen: *Israel verläßt den Sinai*, um über Kades nach Kanaan einzudringen. Die Zwischenfälle bei Tabera und an den Lustgräbern (Murren, Wachteln) und Mirjams Hadern, die mit Aussatz geschlagen wird und später auf Mosis Bitten genest, verzögern den Zug. *Ankunft in Kades Barnea am 1. Tag des vierten Monats. Aussendung der zwölf Kundschafter.* Sie kehren nach vierzigtägiger Erkundungsfahrt zurück und erklären eine Eroberung des Landes für ausgeschlossen. Nur Kaleb und Josua predigen Zuversicht. Allgemeine Meuterei: Das verwirrte Volk will wieder nach Ägypten. Erscheinung Gottes: die Schuldigen werden bestraft; alle Männer, die beim Exodus über vierzig Jahre waren, sollen in der Wüste sterben; die neue Generation muß sie vierzig Jahre durchirren. Eine Gruppe von Hebräern will den Zugang nach Kanaan erzwingen: *Niederlage bei Horma.* *Neununddreißigjährige Wanderung durch die Wüste.* Der Weg führt zum Ostarm des Roten Meeres und nordwärts zum Toten Meer. *Langer Aufenthalt in Kades und Rast an zahlreichen Orten.* Verschiedene Episoden: Aufstand des Leviten Korah und seiner Rotte. Kleinmut des Volkes: die eherne Schlange. Vor allem aber dauernde Offenbarung und fortschreitende Re-

Sieg Menephtas?

Bezieht sich ein Teil der Literatur von Ras-Schamra auf den Aufenthalt der Hebräer in Kades?

Links oben: Die Wundertraube aus Kanaan (Haggada von Basel)

Unten: Letzte Rede Mosis (Haggada von Sarajewo)

daktion der verschiedenen Elemente der *Thora*.

Am Anfang des vierzigsten Jahres: Tod Mirjams.

Berührung mit den Königreichen Edom und Moab; sie werden umgangen.

Tod Aarons.

Moab und Midian versuchen, sich durch den Fluch Bileams vor den Hebräern zu schützen; Bileam aber muß Israel segnen.

Eroberung Transjordaniens.

Die Hebräer lassen sich von der Sittenlosigkeit der Moabiter und Midianiter anstecken. Aarons Enkel Pinehas rettet Israels Reinheit. Bestrafung Midians.

Der 1. Tag des elften Monats. Moses beginnt seine *letzte Rede,* aus der das Deuteronomion entsteht. Einsetzung Josuas zu seinem Nachfolger.

Moses übergibt den Leviten das Buch der Thora.

Lied vom Schicksal Israels. Letzte Segnungen.

Mosis Tod auf dem Berge Nebo am 7. Tag des zwölften Monats.

Amenophis III. Amenophis IV. Briefe von El-Amarna. Beginn des kanaanäischen Krieges.

Die Seevölker erschüttern das Gleichgewicht in Kanaan.

Abraham überquert den Euphrat: mit ihm reist die Menschheit von einem Ufer zum anderen. Nach der überlieferten jüdischen Etymologie heißt Hebräer «Überschreiter». (Miniatur aus der gedruckten Haggada von Prag, 1527)

Als Moses geboren wird, ist die Geschichte der Hebräer in eine kritische Phase getreten. Sie ist schon vierhundert Jahre alt und trägt charakteristische Züge, denen sich Moses nur zeitweilig während seines Lebens unter den Ägyptern entziehen kann, um ihnen später desto intensiver zu begegnen. Ethnisch sind die Hebräer Semiten, verwandt mit den zahlreichen nomadischen oder halbnomadischen Stämmen, die das weite Gebiet des Mittleren Ostens durchwandern. Dieses grenzt im Norden an Anatolien, im Osten an den Tigris, im Westen ans Mittelmeer und im Süden an Ägypten, Arabien und den Persischen Golf. Der ursprüngliche Stamm lebte in Sumerien tief im Süden Mesopotamiens, während der glanzvollen Kultur von Ur. Hammurabis siegreiche Feldzüge gegen die Sumerer zwingen den hebräischen Stamm, nach Norden zu wandern, und zwar nach Haran zwischen Euphrat und Tigris. Dort vollzieht sich ein großes Ereignis, das den ursprünglichen Stamm in zwei Äste spaltet. Der eine setzt sich in Haran fest und unterscheidet sich bald nicht mehr von den benachbarten Aramäern. Der andere kehrt zu einer Nomadenexistenz zurück, zieht nach Süden und erreicht das Land Kanaan zwischen Phönizien und Ägypten. Das ist der Beginn eines mystischen Abenteuers, welches das normale Leben des Stammes überschichtet. In Kanaan wirkt er äußerlich wie eine Gruppe Hirten, die von der Trockenheit und den Hungersnöten bisweilen gezwungen wird, ihre Weideplätze anderswo, an der Philisterküste oder sogar in Ägypten, zu suchen. Aber in der Seele des Stammes lebt ein Wissen.

Das Wissen um einen Gott, der anders ist als alle anderen, einen einzigen Gott, den Schöpfer und Herrn des Himmels und der Erde, dessen klar erkennbarer Wille sich mit dem Ideal der Gerechtigkeit und Redlichkeit deckt und dessen verborgener Wille, den er die Propheten in der Schau erkennen läßt, die Menschen zu nahen oder fernen Aufgaben beruft. Der Hebräer Abraham hat seine erste Vision zu Haran. Damals erfährt er, er werde ein Gerechter sein, aber auch, es werde eines Tages ein großes Volk von ihm abstammen, dem das Land Kanaan verheißen sei und das in diesem Lande gemeinsam auf den Pfaden der Liebe und Gerechtigkeit wandle. Die Verheißung erfüllt sich Zug um Zug, aber nicht ohne Krisen. Wie viele Prüfungen, die manchmal tragisch sind! Abrahams erster Sohn Ismael geht seinen eigenen Weg. Aber Isaak, das Kind seines Alters, setzt das Abenteuer fort. Von Isaaks beiden Söhnen bricht Esau mit dem Weg der Väter. Aber Jakob, der zweite, gewinnt, als er in einer berühmten Nacht mit einem Boten des Herrn kämpft, den Namen Israel – Gottes Kämpfer –, den nach ihm seine Kinder führen. Siebzig Seelen bilden den Stamm Israel, als er nach Ägypten zieht; ihn treibt eine Hungersnot, die stärker ist als die vorigen, aber auch der Umstand, daß Joseph, einer von Jakobs Söhnen, als Sklave nach Ägypten verkauft worden war und später zum Stellvertreter des Pharao aufstieg. In Ägypten wird der Stamm zum Volk. Viele Erinnerungen verwischen sich damals. Wäre die Beschneidung nicht, das heilige Zeichen des Bundes zwischen Gott und dem Vorvater Abraham, so wüß-

Ein semitischer Stamm sucht Zuflucht in Ägypten

ten die Kinder Israels schwerlich noch, wer dieser Vorvater war und wer dieser Gott ist oder welches Versprechen damals ihrem Stamm das Leben gab. Es gäbe keine Nachkommen Abrahams, also gäbe es keine Leviten, Nachkommen Levis, der Jakobs dritter Sohn war. Diese wachen eifersüchtig über die Vergangenheit und überliefern einander wie einen heiligen Schatz das religiöse Wissen und die Berufung. Moses ist ein Levit. Aber warum müssen seine Eltern ihn nach der Geburt in den Nil werfen? Hierüber wie über die späteren Einzelheiten seines Schicksals gibt uns die Geschichte Ägyptens Auskunft, in die die biblische Erzählung sich gut einfügt. Hier sind wir am Gabelpunkt der Zeittafeln angelangt und müssen zwischen dem rechten oder dem linken Rande wählen.

Links wird Mosis Geburt ins fünfzehnte Jahrhundert vor Christus verlegt. Die Szene, die Moses betritt, erinnert an einen Roman. Die ägyptischen Gestalten (sie haben im Pentateuch keinen Namen, es heißt einfach: der Pharao, seine Tochter, seine Priester) werden lebendig, gewinnen Farbe, sind prall von Leben.

Soeben sind die Hyksos vertrieben worden: ein großes Ereignis, ein wahres Drama, dessen Motive Pierre Montet analysiert hat; er deckte auch seine Beziehungen zum biblischen Bericht auf. Die Hyksos sind nicht die ersten nomadisierenden Asiaten, die im Mittleren Osten gegen Ende des dritten und gegen Anfang des zweiten Jahrtausends die alten Reiche von damals erschüttern – Hatti, Sumer, Elam und Phönizien – und einen politischen und kulturellen Umschwung hervorrufen, wie später ganz ähnlich die germanischen Stämme beim Niedergang des Römischen Reiches. Aber sie sind die einzigen, die tief in das älteste, angesehenste und mächtigste Reich von damals eingedrungen sind. Sie besetzten das Delta, den reichen, le-

bendigen und von alters her «ägyptischsten» Teil des Nilreichs. In Memphis, das die Hauptstadt von zwölf ägyptischen Dynastien war, errichten die Hyksoskönige neben den Pyramiden und der Sphinx, jenen Spuren und Zeichen einer schon tausendjährigen Kultur, ihren Hofsitz. Die ägyptischen Pharaonen müssen weichen, sich durch das Niltal zurückziehen und sich in Theben verschanzen. Ägypten ist geteilt und wird es lange bleiben. Die Pharaonen halten Oberägypten, das lediglich ein von großen Wüsten eingerahmter Landstreifen ist. Die Hyksos aber halten beinahe zweihundert Jahre Unterägypten, das weite Delta, die Kornkammer mit ihren breiten Fenstern: im Osten zum Roten Meer, im Norden zum Mittelmeer; und zwar nach der wahrscheinlichsten Datierung zwischen 1750 und 1580.

Die Hyksos sind Semiten. Wenn die übliche Deutung ihres Namens richtig ist, waren sie Hirten wie die Mehrzahl der semitischen Nomaden im zweiten Jahrtausend. In Ägypten beweist das soziologische Gesetz der Assimilation rasch seine Wirksamkeit: der Sieger nimmt die Kultur des Besiegten an, und nach einer zweihundertjährigen Entwicklung unterscheiden sich die seßhaft gewordenen Hyksos kaum mehr von den Ägyptern, deren Lebensweise, Glauben und Verwaltungsapparat sie übernehmen. Jedoch in einer Hinsicht unterscheiden sie sich von den Ägyptern. Sie haben nicht wie diese das ausgeprägte Bewußtsein, die Rasse des Landes zu sein. Die Hyksos sind Semiten auf afrikanischem Boden und unterhalten weiterhin freundnachbarliche Beziehungen zu den Semiten in Kanaan, Phönizien und Mesopotamien. Und man kann sich ohne Mühe vorstellen, daß sie semitische Sklaven freilassen und zu den höchsten Würden erheben; man kann sich vorstellen, daß eine Hungersnot schweifende semitische Stämme bis an die ägyptische Grenze bringt und daß die Hyksos sie gastlich aufnehmen. Die Geschichte von Jakob und Joseph und die Ansiedlung der Familie Israels, die ebenfalls semitischen Ursprungs ist, zu Goschen im Osten des Deltas findet so im Rahmen der Hyksosherrschaft ihre Erklärung. Und gerade die Zusammenarbeit mit den Hyksos wird Israels Lage gefährden, wenn die Hyksos aus Ägypten vertrieben werden, wenn – wie die Bibel sagt – *ein neuer König ersteht über Ägypten, der Joseph nicht mehr kennt* (Ex. 1, 8). Verstehen wir richtig: der Joseph nicht mehr kennen will.

Denn der Krieg der thebanischen Pharaonen gegen die Hyksos ist langwierig und mörderisch gewesen. Jeder Zoll des Landes mußte zurückerobert werden. Mittelägypten wurde von Kames befreit; das Delta von Ahmosis, dem die in Avaris ganz dicht an der Ostgrenze eingeschlossenen Hyksos trotz erbitterter Belagerung lange standhielten, der sie aber besiegte und bis nach Kanaan verfolgte, wo ihre Spuren sich verloren. Mit Ahmosis beginnt nicht nur eine neue Dynastie, die achtzehnte, sondern ebenfalls das Neue Reich, das nunmehr drei Dynastien überdauert: die achtzehnte, neunzehnte und zwanzigste, und beinahe fünf Jahrhunderte währt. Das ist die große Zeit ägyptischer Macht, die anfangs von heftigen Schauern eines nationalen Fanatismus erschüttert wird. Jede Erinnerung an die Hyksos wird aufgespürt und ausgetilgt. Der Hammer beseitigt ihre Spuren auf Denkmälern, Stelen, Sarkophagen und Papyris. Wir besitzen nicht ein einziges Dokument über den zweihundertjährigen Aufenthalt der Hyksos in Ägypten, mit einem so unerbittlichen Haß bemühen sich die Ägypter, sie der Vergessenheit anheimfallen zu lassen. Das verhaßte Blut der asiatischen Metöken ist bis in die Fundamente hinab der Mörtel, der das Neue Reich zusammenhält. Der Schatten der Hyksos lastet wie ein Albtraum auf dem befreiten Ägypten; und der Haß gegen die Asiaten gehört zu den wichtigsten Motiven eines Ägypters am Beginn des Neuen Reiches.

Der Gesinnungsumschwung, auf den der Bibelvers hinweist, ist eine unmittelbare Folge des Abzugs der Hyksos. Der Stamm Israel, der weit genug entwickelt ist, um nunmehr ein ganzes Volk zu bilden, siedelt in der Provinz Avaris, wo sich der letzte Akt des Dramas abgespielt hat. Er ist den Hyksos bei ihrem Rückzug nicht gefolgt. Er ist geblieben, wo er war, und wird verschleppt. Die Haßpsychose wählt ihn zum Opfer und webt um ihn den Mythos des aufsässigen und ruchlosen Asiaten. Der Anfang der Knechtschaft und Verfolgung der Hebräer ist eine Rückwirkung der Vertreibung der Hyksos; sie ist ein Teil des Kampfes, den die ersten Pharaonen des Neuen Reiches gegen den asiatischen Nachtmahr führen.

Ein politisches Faktum ist bestimmend für die Formen der Versklavung, von der die Bibel uns auf den ersten Seiten des *Exodus* ein so realistisches Bild überliefert: der ägyptische Wille zur Expansion und wirtschaftliche Macht als seine Folge.

Die ersten Souveräne der achtzehnten Dynastie sind in der Tat energisch und siegreich. Während Ahmosis I. und Amenophis I. ihre Macht vor allem im Süden verstärken, indem sie tief nach Nubien

Die königliche Perücke: Symbol der Macht

eindringen, verpflanzen ihre berühmtesten Nachfolger Thutmosis I. und Thutmosis III., deren Regierungszeit bis 1450 reicht, die ägyptische Macht nach Asien. Thutmosis I. erreicht den Euphrat und staunt über sein Wasser, weil es im Gegensatz zum Nil nach Süden fließt, um das Meer zu erreichen. Thutmosis III. wiederholt diese Tat, überschreitet den Euphrat und unterwirft die Mittaniter, die damals die bedeutendsten Asiaten waren. Kanaan, Phönizien mit seinen Häfen und seinem Hinterland und das riesige Gebiet des Naharina zwischen Mittelmeer und Mesopotamien wird Ägypten tributpflichtig und erkennt den Pharao als «König der Welt» an.

Ebenso wie ihre Vorgänger im Jahrhundert der Pyramiden hinterlassen die Pharaonen des achtzehnten Jahrhunderts die Zeichen ihrer Macht in großartigen Denkmälern. Die Pharaonen, die Ahmosis und Thutmosis heißen, sind Baumeister. Man ahnt noch unter den Umbauten, die später die Herrscher der neunzehnten Dynastie beisteuern, die Größe und den Reichtum ihrer Werke. Sie haben die ersten Pläne zu den Bauten von Deir-el-Bahari, Luksor und Karnak entworfen. Es sind religiöse oder profane Bauten, Paläste oder Tempel, aber auch Kasernen, Militärdepots und Festungen, denn hier zu Beginn des Neuen Reiches tritt auch die Armee als eine neue Kraft neben die in Ägypten bereits bestehenden Kräfte der Beamtenschaft und des Priestertums. Auf den Baustellen, die überall ins Leben gerufen werden, braucht man Arbeitskräfte. Es kommt der Augenblick, da sich die politische Kraft Ägyptens um wirtschaftliche Macht vermehrt. Die biblische Schilderung der hebräischen Knechtschaft, die Arbeit in den Ziegeleien und der Bau von Militärdepots passen an diese Stelle der ägyptischen Geschichte.

Eine verlockende Parenthese: Der historische Rahmen der achtzehnten Dynastie vermag nicht nur in großen Zügen die von der Bibel berichteten Ereignisse zu fassen. Er lädt auch dazu ein, bestimmte Details in ihn zu verlegen, besonders die wunderbare Errettung eines hebräischen Knaben durch eine Tochter des Pharao; später gab sie ihm den Namen Moses und adoptierte ihn. Diese ägyptische Prinzessin, die sich über die Gesetze ihres Vaters und die Satzungen ihres Landes hinwegsetzt, muß viel Energie und Charakter besessen haben, und scheinbar paßt ihre eigenwillige Tat besser in die Legende als in eine Reihe historischer Fakten. Nun steht aber in der Liste der Pharaonen der achtzehnten Dynastie zwischen Thutmosis I. und Thutmosis III. der sonderbare weibliche König Hatschepsu. Eher ein König als eine Königin: die Schlußsilbe -u bezeichnet das Maskulinum und soll absichtlich verbergen, daß dieser König eine Frau ist, deren Name einst die weibliche Endung führte: Hatschepsut. Die Statuen zeigen sie mit männlichem Körperbau und Gewand, der Bart läßt die weiblichen Züge auf ihrem Gesicht verblassen. Sie kommt infolge von Intrigen an die Macht, die wir noch nicht ganz durchschauen, bei denen aber verschiedene Parteien aufeinanderstoßen; jede davon verkörpert altersgraue Hof- oder Glaubenstraditionen. Thutmosis I., dessen Tochter sie ist, tritt seine Krone noch bei Lebzeiten an das jun-

Gefesselter Gefangener: er schwebt
zwischen Leben und Tod

Der Vogt – sein
Zepter ist der Stock

Der Schreiber lauscht
und trägt die Geheim-
nisse und Zeichen ein.

ge Mädchen ab. Eben in diesem Augenblick könnte die Tochter des Pharao einen jungen Hebräer retten und aufziehen. Später heiratet sie Thutmosis II., aber seine Regierungszeit ist kurz. Dann wird sie die Frau Thutmosis' III., den sie völlig in den Schatten treten läßt. Lange ist er lediglich Prinzgemahl. Fünfzehn Jahre ist nur Hatschepsu Pharao. Übrigens hat sie wie die Könige namens Thutmosis, deren Tochter, Gemahlin und Mutter sie ist, einen Hang zum Bauen, und daraus kann man schließen, daß Mosis Rettung, wie die Bibel will, ein einzig dastehendes Geschehnis in jener Welt der Fron war, die weiterhin auf den Hebräern lastete. Der großartige Tempel von Deir-el-Bahari ist Hatschepsuts Werk. Er ist im äußersten Süden gebaut, auf dem Wege zu jenem Punt in Somaliland, zu dem Hatschepsut eine denkwürdige Expedition entsandte. Die Bilder von Deir-el-Bahari überliefern Einzelheiten von dieser Expedition, mit der die späteren Annalen große Kriege des Amazonen-Pharaos in Verbindung bringen. Nun erzählt die ebenfalls spätere alexandrinische Geschichtsschreibung, Moses, der auf Veranlassung seiner Adoptivmutter im Sinne der ägyptischen Aristokratie erzogen war, habe gerade gegen Punt und Äthiopien glänzende Siege errungen. So spricht eine Anzahl von Einzelüberlieferungen für die Identität Hatschepsuts mit der Tochter des Pharao, die Moses rettete. Zudem ließ Thutmosis III. nach Hatschepsuts Tode seinem Zorn die Zügel schießen. Solange die Frau noch lebte, die ihn gedemütigt hatte, vermochte er sie nicht zu treffen; nun tilgte er ihre Spuren und ihren Namen auf Monumenten und Königstafeln und verfolgte ihre Anhänger und Diener. Sollte nicht der fünfzehnte Vers des zweiten Kapitels Exodus mit diesem politischen Umschwung in Verbindung stehen? Moses, dem Schützling Hatschepsuts, droht ebenso wie vermutlich vielen anderen der Tod, und er verdankt seine Rettung allein der Flucht aus Ägypten. Wie ein Jahrhundert zuvor die Hebräer die Opfer des Hasses gegen die Hyksos wurden, so treffen diesmal Moses, einen von ihnen, die Folgen des Hasses gegen Hatschepsut. Die Versklavung der Hebräer geht unter Thutmosis III. weiter, und es bedarf nach dem Zeugnis der Bibel noch einiger Jahrzehnte, bevor die Stunde der Befreiung schlägt.

Der neue Pharao ist Amenophis II. Bleibt es nun bei der bisherigen Übereinstimmung der beiden Überlieferungslinien und paßt Israels Exodus genauso glaubwürdig in die Geschichte der achtzehnten Dynastie wie seine Verfolgung?

Um die Wahrheit zu sagen: kein Merkmal Amenophis' II. ermuntert uns, den Exodus unter seiner Herrschaft anzusetzen, auch berechtigt uns kein einziges Indiz, ihn unter dessen Nachfolger Thutmosis IV. anzusetzen, es wäre denn der Umstand, daß diese kriegerischen, tapferen und grausamen Pharaonen sich mit den Mitanitern einigen, die ihr Haupt erhoben haben, und Bündnisse und Ehen mit ihnen schließen. Zeichen einer Schwächung des ägyptischen Reiches, die in den folgenden Jahren noch sichtbarer werden, jedoch für sich allein den Exodus weder rechtfertigen noch erklären.

Hatschepsu

Dagegen erscheint der rote Faden wieder deutlich und unverkennbar unter Thutmosis' IV. Nachfolgern Amenophis III. und Amenophis IV.

Mit diesen beiden Pharaonen betreten wir die Ära von El-Amarna, ein halbes Jahrhundert merkwürdiger kultureller und religiöser Veränderungen, über die wir in Kürze einige Worte sagen müssen — aber auch eine Zeit politischen Niedergangs, dessen Echo uns auf beinahe vierhundert Schreibtäfelchen erhalten geblieben ist, einem wahren Archiv auswärtiger Politik. Sie wurden gegen Ende des vorigen Jahrhunderts in El-Amarna auf halbem Wege zwischen Theben und Memphis entdeckt und umfassen die diplomatische Korrespondenz des ägyptischen Hofes mit seinen Beamten und Vasallen in Kanaan. Und diese Korrespondenz ist höchst dramatisch. In Briefen und Berichten, deren Ton immer dringlicher wird, bitten die ägyptischen

Statthalter um Beistand. Ihre kanaanitischen Vasallen zerstreuen sich: die einen haben Angst, die anderen sind Verräter. Wenn Ägypten nicht zu einem großen Gegenschlag ausholt, wird Kanaan eine Beute des Feindes. Welches Feindes? Vor allem der Hethiter, die oben im Norden mächtig werden. Sie beherrschen Anatolien und stoßen nach Süden; sie haben Phönizien erreicht und bedrohen Kanaan. Ferner der Aramäer – Wanderstämme, die die östliche Wüste durchstreifen und in die Täler dringen. Schließlich der Habiru, semitischer Stämme, die offenbar das Land nach einer festen Methode erobern wollen, systematisch die Städte angreifen, sie zerstören und niemanden verschonen, der sich ihrer Herrschaft nicht beugen will. Der Briefwech-

Stammen die Buchstaben zu
Serbit-el-Hadim von Moses?

Der Tempel von Deir-el-Bahari

sel endet in eben dem Augenblick, in dem der Statthalter Jerusalems seiner bevorstehenden Zusammenbruch angesichts der siegreichen Habiru ankündigt.

Der Habiru ... Wie verlockend ist es, in ihnen die Hebräer wiederzuerkennen! Philologisch gesehen spricht wenig dagegen. Obgleich die Feldzüge, die auf den Tafeln von El-Amarna geschildert werden, nicht genau mit denen des biblischen Buches Josua übereinstimmen, akzeptieren viele Historiker diese Gleichsetzung, zumal die Ausgrabungen zu Jericho, nach der Bibel der ersten Stadt, die die Hebräer in Kanaan zerstören, anscheinend dafür sprechen, die Schleifung der Mauern gerade in die Zeit von El-Amarna zu datieren. Unbeschadet zahlreicher Einwände, die ich hier unmöglich aufzählen kann und die jeweils sehr unterschiedlich zu beantworten sind, selbst unbeschadet des hypothetischen Charakters mancher Lesarten und philologischen Identifizierungen, schält sich ein kohärentes System heraus. Etwa ein halbes Jahrhundert trennt die Thronbesteigung Amenophis' II. von der Amenophis' III.: 1450–1410. Verlegt man den Exodus Israels in die ersten Regierungsjahre Amenophis' II., so fand die Eroberung Jerichos und der Einbruch in Kanaan in den ersten Jahren der Herrschaft Amenophis' III. statt: die Bibel gibt an, daß die Hebräer vierzig Jahre lang in der Wüste wanderten; zwischen 1447 und 1407, sagt mit einzigartiger Präzision J. Garstang, der berühmte Fachmann für die Ausgrabungen von Jericho. Die Bibel gibt ferner an, daß die Eroberung lange dauerte und daß Mosis Nachfolger Josua sie nicht völlig zu Ende führte und die weiteren Operationen seinen Nachfolgern, den Richtern, überlassen mußte. Finden sich nicht die Spuren dieser langen Eroberung (1407 bis etwa 1350) in den Briefen von El-Amarna, die aus der Zeit Amenophis' III. und Amenophis' IV. stammen? So wird die Geschichte Mosis durch einige Anhaltspunkte klarer, deren wichtigste die folgenden sind: Austreibung der Hyksos (Versklavung der Hebräer in Ägypten), die Laune Hatschepsuts (Moses wird von der Tochter des Pharao aus dem Wasser errettet), die Repressalien Thutmosis' III. (Verfolgung Mosis), die Regierung Amenophis' II. (Exodus) und die Regierungszeit von Amenophis III. und Amenophis IV. (Mosis Tod angesichts der Ebene von Jericho und die Eroberung Kanaans durch die Habiru oder Hebräer).

Wie Eisenfeilspäne in einem magnetischen Feld ordnen sich um diese Anhaltspunkte weitere Dokumente und weitere Geschehnisse des Mittleren Orients, und man hat nicht versäumt, sie mit Moses in Zusammenhang zu bringen. Die Inschriften von Serbit-el-Hadim mitten im Sinaimassiv stammen aus dem fünfzehnten Jahrhundert. Das ist das Einzige, was wir sicher darüber wissen. Im übrigen sind diese hieratischen Zeichen noch nicht entziffert. Manche wollten jedoch aus ihnen die Geschichte eines Rebellen herauslesen ... der niemand anderes als Moses wäre; er hätte dann seinen Zorn gegen das verhaßte Ägypten in die Sinaifelsen eingegraben. Andere wieder erkennen darin die ersten alphabetischen Zeichen. Moses am Sinai als der Erfinder des Alphabets! Das Thema erscheint in den alexandrinischen Viten und bildet bis in unsere Tage das Thema gelehrter Diskussionen.

Aber vor allem bringt man das außerordentliche geistige Abenteuer Amenophis' IV. mit jenem Mosis in Verbindung. Dem Werk Amenophis' IV. wurden bereits zu viele Untersuchungen gewidmet, als daß an dieser Stelle noch viel darüber zu sagen bliebe. Alles an diesem Pharao ist anziehend: die erregende lyrische Seite seines Lebens, die Schönheit und Einfalt der Liebe, die seine Gemahlin Nofrete ihm entgegenbrachte, und auch das glückliche Familienleben dieses Paares, von dem die unter seiner Herrschaft so erstaunlich erneuerte Plastik Zeugnis ablegt. Alles an ihm ist ungebrochen: sein politisches Werk, sein fanatischer Kampf gegen die Priester des Ammon (des Schutzgottes der Dynastie) zu Theben, sein Suchen nach einer

Echnaton und Nofretete – das romantische Königspaar

Vor welchen Pharao trat Moses? Vor Thutmosis III. — oder Ramses II.?

neuen Hauptstadt, die zum Symbol seines Erneuerungswillens werden sollte, und ferner sein religiöses Werk, das letzten Endes in einem leidenschaftlichen Streben nach Einheit besteht. Einheit des Guten und Wahren, Einheit der widerstreitenden Kräfte der Natur in der einen Sonnenscheibe, Einheit von Leben und Tod in der schöpferischen Kraft dieser Scheibe, des höchsten Gottes Aton, dessen Strahlen glückspendende Hände sind. Amenophis wird Echnaton, Sohn Atons, seine Hauptstadt Echet-Aton, Stadt Atons (heute: El-Amarna). Die Hymne an Aton besitzt die nüchterne Würde und starke Ausdruckskraft eines Psalms. Der Historiker, der die Ströme des menschlichen Bewußtseins überblickt, stellt fest, daß dieses bei Echnaton einen der ergreifendsten Augenblicke in seiner Entwicklung durchläuft (J. Pirenne: «Les Grands Courants de l'histoire universelle I», S. 65). Abgesehen von Israel ist dies zumindest während der ganzen Antike der einzige Augenblick des Monotheismus; ein sehr vergänglicher Augenblick, denn Amenophis' IV. unmittelbarer Nachfolger Tut-ench-Amon, der wegen seines Sarkophages und Grabes weitaus berühmter ist als wegen seiner Herrschaft, setzte die hergebrachten

Vorschriften wieder in Kraft und stellte den Kult des Ammon, dessen Namen er trug, in seiner ganzen strengen Starrheit wieder her. Wie soll man der Versuchung widerstehen, im Abenteuer des Amenophis-Echnaton eine Folge des strahlenden Aufleuchtens von Mosis Geist über Ägypten zu sehen, das sich einige Jahre zuvor vollzog? Das Interesse der Zahlenreihe am linken Rande beruht letzten Endes darauf, daß sie uns nicht allein gestattet, dem Auf und Nieder in der Geschichte der Hebräer und Mosis von der Versklavung bis zur Eroberung Kanaans zu folgen, sondern darüber hinaus der geistigen Erschütterungen gewahr zu werden, die in Ägypten das religiöse Gewitter des Exodus auslöste.

Die Chronologie des dreizehnten Jahrhunderts am rechten Rand ist nüchterner und strenger. Die Argumente, auf die sie sich stützt, sind weder glänzend noch romantisch, sondern beruhen auf strengen Überlegungen der Exegese, der Textkritik, der Archäologie: der Lesart eines Wortes, der Deutung einer Keramik – kurzum auf etwas sehr Komplexem, das wohl das Urteil eines Historikers hinreißen kann, sich aber nicht in eine für den Laien interessante Sprache übersetzen läßt. Im übrigen kann man hier Mosis Leben und seine inneren Perioden an keinem überragenden Ereignis aufhängen. Es ist der Teil

Ein Bild der Macht Ramses' II.: die Säulen von Karnak

eines größeren Ganzen: des Lebens des hebräischen Volkes, das selber eher verschwommen wirkt und mehr in allgemeinen Zügen als in einer genauen Skizze erscheint. Der Rahmen ist wundervoll: die leuchtenden Farben des Neuen Reiches auf seinem Höhepunkt, der neunzehnten Dynastie – der Dynastie der Könige namens Ramses, der gigantischen Säulenhallen von Karnak, der Obelisken von Luksor, des großen ägyptisch-hethitischen Bundes, des Tales der Könige. Aber die Geschichte Israels wirkt darin eher grau und schattenhaft, nuancen- und kontrastarm.

Man muß in diesem Falle annehmen, daß Jakobs Stamm unter Amenophis II. oder Thutmosis IV. nach Ägypten kam. Dieser Pharao ist mit den Mittanitern verbündet und heiratet eine asiatische Prinzessin. Das ist das Ende der vom Krieg mit den Hyksos hervorgerufenen Asiatenpsychose: die Hebräer werden wie die anderen Stämme, denen Ägypten seine Tore wieder öffnet, wohlwollend aufgenommen. Die Habiru von El-Amarna sind dann keineswegs mit den Hebräern gleichzusetzen, die Moses bis vor die Tore Kanaans geführt hat, da Moses erst nach der Zeit von El-Amarna auf die Welt kam. Die religiöse Revolution Amenophis' IV. hat nichts mit Moses zu schaffen, denn sie ist früher als er (hat sie etwas mit Joseph zu schaffen, falls der in den Briefen von El-Amarna zitierte Statthalter Janhamu sein Doppelgänger ist? – eine bescheidene Frage, die ich nur leise stellen möchte). Die Verfolgung der Hebräer beginnt unter Sethos I. und dauert während der langen Regierungszeit Ramses' II. (1292–1225) weiter an. Die Hebräer dienen beim Aufbau des großen, massiven ägyptischen Reiches. Als sich unter Ramses' II. Nachfolger Menephta die ersten Risse zeigen, als unter den Schlägen der Seevölker das Reich zu wanken beginnt, neuer Invasorenhorden, die nicht weniger gefährlich sind als einst die Hyksos, gelingt es den Hebräern, Ägypten zu verlassen. Das ist der Exodus im Jahre 1220. Die von den Seevölkern, darunter den Philistern, in Kanaan hervorgerufenen Unruhen begünstigen die Hebräer bei ihrer freilich nicht leichten Ansiedlung. Eine etwas später von Menephta gemeißelte Stele nennt Israel in der Liste mehrerer besiegter Völker: das erste Auftreten des Namens Israel auf einem archäologischen Dokument und der einzige ausdrückliche Berührungspunkt zwischen der Bibel und Ägypten. Übrigens könnte dieser Name auf der Stele ein entscheidendes Argument für die Chronologie des dreizehnten Jahrhunderts sein. Aber sogar die Lesart des Namens ist umstritten (möglicherweise muß man Yzreel lesen, das aber ist ein Tal in Kanaan); der Kontext ist nicht klar (man weiß nicht, ob von einer seßhaften Nation oder von einem wandernden Stamm die Rede ist); wie bei vielen anderen Stelen des Altertums kann der König Nachbarvölker, mit denen er nie zusammengestoßen ist oder die er nie beherrscht hat, seiner Siegesliste einverleibt haben; gewisse Könige setzen sogar die Namen von Völkern darauf, von denen in Wirklichkeit sie selber besiegt worden sind.

Im großen und ganzen ist also an dieser Chronologie nichts Auffälliges. Und dennoch gibt sie reiche Anregungen, kennen wir doch kaum ein ägyptisches Jahrhundert so gut wie das der Könige namens Ramses, und zwar nicht lediglich in seinem politischen Geschehen, sondern vor allem in seiner wirtschaftlichen und gesellschaftlichen Struktur. Man kann das alltägliche Leben in Ägypten beschreiben, wenn man die Epoche Ramses' II. zum Vorbild nimmt. Nun wirft die Bibel aber gerade auf diese alltägliche Existenz der Hebräer und Mosis einiges Licht, das plötzlich deutlicher wird, wenn unsere Kenntnis der ägyptischen Gesellschaft es verstärkt. Was uns die Chronologie des fünfzehnten Jahrhunderts an Fülle bietet, bietet uns die des dreizehnten Jahrhunderts an Dichte. Die eine lenkt unseren Blick auf Politik und Religion, die andere auf die soziale Situation.

Das Reich der Könige namens Ramses kennt eine strenge Hierarchie, wie sie für alle absoluten Regimes bezeichnend ist. Bereits das Mittlere Reich hat unter den Feudalismus den Schlußstrich gesetzt und alle Macht beim Pharao konzentriert. Das Neue Reich behält diesen Absolutismus bei und verstärkt ihn noch in manchem durchaus totalitären Detail. Zum Besten des Staates sind imponierende Massen menschlicher Individuen in Kasten eingekapselt, deren jede ihre feste Aufgabe im Rahmen des Ganzen zu erfüllen hat. Betrachtet man die niedrigsten Klassen, so stellt man fest, daß es damals in Ägypten geradezu ein geologisches System von Elendsschichten gab.

Zunächst gibt es das, was die Historiker als «ägyptisches Proletariat» bezeichnen; und sie bedienen sich dabei eines sehr modernen Begriffes zur Bezeichnung einer menschlichen Gruppe, die unter der neunzehnten und zwanzigsten ägyptischen Dynastie tatsächlich ganz ähnliche Merkmale aufwies wie im neunzehnten oder zwanzigsten europäischen Jahrhundert. Die Menschen dieser Gruppe besaßen nichts als ihren Hunger. «Man krepiert vor Hunger.» So lautet unter den Königen namens Ramses sozusagen die einzige gültige Sprache des Elends. Wie ein quälendes Leitmotiv kommt sie immer wieder über die Lippen der Proletarier, die nichts oder fast nichts anderes zu sagen haben; ihr ganzes Wesen, ihr ganzes Dasein steht brutal in diesen wenigen Worten, die uns der Turiner Papyrus überliefert. Da

Hieroglyphenschrift «ISRAEL» auf der Menephta-Stele

heißt es: «Seit achtzehn Tagen krepiert man hier vor Hunger... Wir kamen, von Hunger und Durst getrieben, wir haben keine Kleider, kein Öl, keine Fische, kein Gemüse...» Diese Hungerleider sind keine Streuner, sie liegen nicht einer Gesellschaft zur Last, die in keiner Weise verpflichtet ist, für sie zu sorgen, weil sie ihr durchaus nicht dienen. Es sind die Handwerker, die Arbeiter, die Bauern, die Männer und Frauen, mit deren Hilfe der ägyptische Staat sich ernährt und bekleidet, seine Häuser und Paläste baut, seinen Handel treibt, seine Geschäfte abwickelt. Die bloße Tatsache, daß sie als vollberechtigte Mitglieder der nationalen Gesellschaft, denn sie sind Ägypter, nichtsdestoweniger ausgebeutet werden, gibt uns das Recht, sie Proletarier zu nennen. Aber zu der Ausbeutung gesellen sich noch weitere Dinge, die sie in die Situation des Proletariers verweisen und eine erstaunliche Ähnlichkeit mit der marxistischen Analyse zeigen. Daß der Lohn der Arbeiter unnormal niedrig ist; daß sie noch um dieses Existenzminimum von unehrlichen Steuereinnehmern betrogen werden; daß der Fiskus das von den Frauen gewebte Leinen sowie das von den Bauern gezogene Getreide einzieht, das gilt für alle Zeiten und alle Regimes. Das berühmte Relief, auf dem ein ägyptischer Bauer der Länge nach

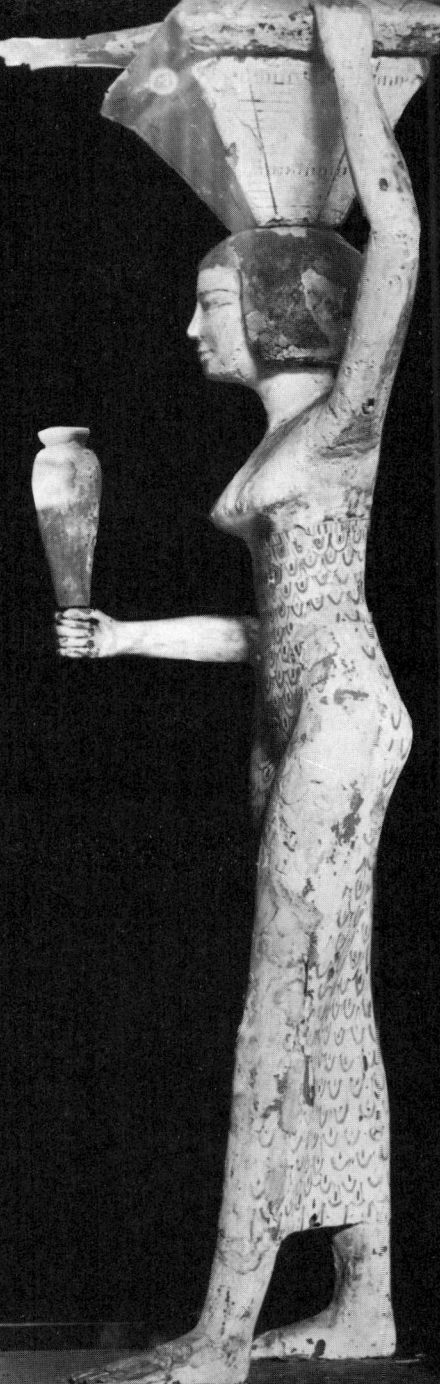

Opferträgerin

auf dem Boden liegt und von den Steuereinnehmern verprügelt wird, erinnert mehr ans Mittelalter oder an die letzten Jahre Ludwigs XIV. als an das neunzehnte Jahrhundert. Aber mancher weniger bekannte Papyrus übermittelt dem verblüfften Leser eine Psychologie des ägyptischen Proletariats, wie sie sonst allein die modernsten Regimes entstehen ließen, und bei der Entdeckung dieses ereignislosen und dahinvegetierenden Lebens denkt man unwillkürlich an die Gestalten Zolas oder Gorkis. «Der Weber in diesen Häusern ist unglücklicher als eine Frau. Seine Knie befinden sich in Magenhöhe; er atmet keine frische Luft. Nur wenn er die Türhüter mit Geschenken besticht, gelangt er an die frische Luft ... Der Färber verbringt seine Zeit damit, Lumpen zu schneiden; die Kleider sind sein Abscheu ... Der Schuster ist sehr unglücklich; er bettelt ständig; er ist gesund wie ein verreckter Fisch; er nagt am Leder, um etwas zu essen zu haben ... Der Maurer verschleißt seine Arme bei der Arbeit; seine Kleider sind zerlumpt; er zehrt sich selber auf, seine Finger sind sein Brot; er wäscht sich nur einmal am Tag. Er demütigt sich, um zu gefallen. Er ist ein Bauer, der von einem zehn Ellen langen und sechs Ellen breiten Feld zum nächsten springt und seine Zeit von Monat zu Monat auf Gerüstbalken verbringt. Hat er sein Brot bekommen, so kehrt er heim und prügelt seine Kinder.» Vor allem diese entpersönlichte und biologisch in sich selbst verkapselte Existenz ermöglicht die Gleichsetzung der ägyptischen Plebs mit dem Proletariat. Zweitens die betonte, totale und wiederum biologische Kluft zwischen dieser Plebs und den höheren Klassen der Gesellschaft. Der eben zitierte Text stammt von einem Schreiber. Er schildert den traurigen Zustand des Proletariats keineswegs aus Sympathie, sondern um seine Schüler vor der Wahl eines solchen Berufes zu warnen. «Die Plebs stinkt», sagt er mit einer ebenso brutalen Eindringlichkeit, wie der Proletarier sagt: «Ich krepiere vor Hunger». Anscheinend gibt es zwischen dem privilegierten Schreiber und dem Arbeiter keine andere Verbindung als dessen Gestank, eine Mischung aus fauligen Dünsten, Schweiß und Schmutz. Der Mann von oben erkennt den Mann von unten allein an seinem unverkennbaren Geruch. Eine höllische Dialektik, die den Hungerschrei mit dem instinktiven Zurückweichen vor fauligem Atem verkettet, so daß die Not keine andere Antwort als den Ekel bekommt.

Jedoch enthüllt das altägyptische Elend sich hier noch nicht im letzten Sinne des Wortes. Zu viele Indizien zeigen, daß in Ägypten der Proletarier, so unglücklich seine wirkliche Situation auch war, theoretisch diesseits der Schranke zwischen Mensch und Tier blieb. Sogar für diesen Auswurf der Gesellschaft gab es noch Gerechtigkeit; nicht in Gestalt einer wohlumrissenen Satzung, die genau die juristischen oder moralischen Rechte festsetzt, sondern unter dem wichtigen Aspekt seelischer Reaktionen, die manchmal bewirken, daß man der Plebs einen objektiven menschlichen Wert zuerkennen muß. Die beiden wichtigsten Gründe dafür, daß zwar das ägyptische Proletariat es selber blieb, aber dennoch auf einer eigentlich menschlichen Stufe stand, sind «Patriarchat» und Rebellion. Patriarchalisches Verhalten: nicht alle Herren reagierten wie der Schreiber. Manche rühmten sich wie der Ammonspriester Bakenkhonsu, sie seien ihren Untergebenen immer ein guter Vater gewesen, den Unglücklichen zur Hilfe geeilt, für den Unterhalt der Armen aufgekommen. Im Csirisglauben mußte der Tote, wenn er durch die große Waage des Gottes freigesprochen werden und das Weiterleben verdienen wollte, unter anderem erklären können: «Ich habe die Leute nicht jeden Tag gezwungen, über ihre Kraft hinaus zu arbeiten.» Es gibt für diese Berichte und Empfehlungen nicht eine einzige Bestätigung aus dem Munde eines Arbeiters. Zumindest zeigen sie, daß das ständige Elend der Proletarier gelegentlich das Gewissen der Ausbeuter weckte; dadurch wurde verhindert, daß man das Proletariat absolut alles menschlichen Wertes entkleidete. Andererseits unterstreicht die Rebellion wie das Patriarchalische, daß beim ägyptischen Proletarier noch Reste sozialer Selbständigkeit vorhanden sind. Von Klagen (ein langer Papyrus enthält die eines Bauern, der vergeblich versucht, im Labyrinth der pharaonischen Administration zu seinem Recht zu kommen) über Streiks (als Antwort auf einen widerrechtlichen Bruch des Arbeitsvertrages und unzureichende Ernährung) bis zu regelrechten Meutereien (Lager- oder Tempelplünderungen, die von der offiziellen ägyptischen Geschichtsschreibung als Gewaltverbrechen und Gotteslästerung gewertet werden): eine stumme, aber unaufhörliche Unruhe erschüttert das Reich, und darin zeigt sich, daß das Proletariat eine lebendige und positive gesellschaftliche Kraft ist. Die Meuterei bleibt keineswegs wie möglicherweise das Patriarchalische allein ein frommer Wunsch. Sie ist das unveräußerliche letzte Mittel der Ausgebeuteten. Weil sie keinen Ausweg finden konnte (und wahrscheinlich: finden wollte), um Meutereien im Keime zu ersticken, ließ die ägyptische Macht dem Proletarier die hohe Würde des Menschen, der, wenn er Hungers stirbt, noch Hoffnung nährt; von diesem sagte die ägyptische Weisheit, «er habe noch Herz».

Neben dem Elend derer, denen man das «Herz» nicht bestritt, die letzte Zuflucht des Menschlichen, entdeckt man freilich in Ägypten ein schlimmeres Elend als das der Proletarier. Während das Proletariat noch diesseits gewisser Grenzen bleibt, werden diese in der Tat überschritten, sobald wir zur Gruppe der Sklaven gelangen. «Sie haben kein Herz», stellt der Ägypter von den Sklaven fest (das Herz bezeichnet wie überall im Orient das eigentliche Person-sein), und diese Entdeckung, die ebenso objektiv ist wie die eines Naturgesetzes, gibt den Menschen das Recht, über den Sklaven wie über eine Sache zu verfügen. Paßt das Couplet, das vor dreitausend Jahren gedichtet wurde, um das Los des ägyptischen Sklaven zu besingen, nicht gut in eine Negeranthologie aus der Zeit Onkel Toms?

> Der Kleine ist auf die Welt gekommen,
> damit man ihn aus dem Arm seiner Mutter reißt.
> Gelingt es ihm, ein Mann zu werden,
> zerschlägt man ihm die Knochen.

Auch das Phänomen der Masse wird hier auf die Spitze getrieben. Man vermutet in Ägypten ein großes Proletariat, aber die Bilddokumente lassen jedem Bauern oder Arbeiter ein wenig Luft und freien Raum; es bleibt ihnen trotz ihrer Menge ein Minimum an persönlichem Lebensraum. Dagegen sind die Szenen, die Sklaverei und Zwangsarbeit schildern, von einer brutalen Massivität. Die Zusammenballung macht eine Menschengruppe so dicht, daß sie wie ein einziger Klumpen wirkt, wie eine in die Arbeit eingespannte Ballung, die keine individuellen Züge mehr erkennen läßt.

Diese menschlichen Massen sind das Opfer des totalitären Regimes unter den Königen namens Ramses und seines leidenschaftlichen und fanatischen Sinnes für Macht. Das Staatsgebäude und sein Prestige verlangen die systematische Errichtung kolossaler Lager, Festungen, Paläste, Tempel, Städte und Gräber. Zu diesem Gebäude, das alles verschlingt, liefern die Sklaven kostenlos ihre unerschöpfliche Arbeitskraft.

Hier taucht eine Benennung auf, die uns zu den Hebräern zurückführt. Die Texte aus der Zeit der Ramseskönige bezeichnen tatsächlich die Gruppen fremder Sklaven, die der härtesten Zwangsarbeit unterliegen, mit dem Namen Apiru. Ein ebenso fatales Wort wie jenes Habiru, weil man unmöglich wissen kann, ob es allein die Hebräer oder etwas viel Allgemeineres meint, womit die Hebräer freilich jedenfalls etwas zu schaffen haben. Wahrscheinlich faßten die Ägypter Syrer, Mittaniter, Libyer und Araber, ein ganzes Gewühl durcheinandergewürfelter Völker, unter der Vokabel Apiru zusammen. Aber es ist wahrscheinlich, daß die Hebräer das Schicksal der Apiru teilten. Sie waren vom Asienhaß gezeichnete Parias und wurden wie alle Apiru zu einem mitleidlosen Frondienst gezwungen, wie ihn Ägyptens wirtschaftliche Expansion verlangte; und will man

Feldarbeit. Ägyptisch. Paris, Louvre

Mosis Leistung würdigen, so muß man einfach wissen, daß die Hebräer innerhalb einer totalitären Gesellschaftsstruktur auf der untersten Stufe standen. Sie gehörten zu den Apiru, den absolut Niedrigen.

Der Leser wird verstehen, daß nicht nur bloße Klugheit, sondern das innerste Interesse einer Untersuchung über Moses uns verbietet, zwischen den beiden Chronologien zu wählen. Wir müssen die Hauptlinien beider anerkennen, die einander im Grunde nicht widersprechen Es ist wichtig, zu wissen, daß eine Gleichsetzung Habiru-Hebräer möglich ist, wie der linke Rand nahelegt: das ist der Preis für die Kenntnis der politischen und religiösen Seite des Exodus. Aber man darf den Hinweis am rechten Rand nicht aus den Augen verlieren: Hebräer = Apiru. Der Exodus war außerdem (oder soll ich sagen: vor allem) ein soziales Abenteuer.

Die beiden Reihen von Anhaltspunkten geben dem Pentateuch einen festen Rahmen und erhellen ihn sehr. Ein Ganzes tritt hervor, auf das wir uns berufen dürfen: freilich brauchen wir dabei keine Angst zu haben, wir verlören den Kontakt mit der notwendig vielschichtigen Realität eines Helden der Bibel.

Bild auf der folgenden Doppelseite:
Ramses III. zerschmettert Gefangene (Theben)

Um den klassischen Regeln dieses literarischen Genres zu genügen, müßten wir, sobald wir Mosis innere Biographie beginnen, den Menschen und das Werk getrennt untersuchen. Indessen werden wir nichts dergleichen tun. Was könnten wir übrigens an M e n s c h l i c h e m noch zu dem Bibeltext hinzufügen, von dem wir soeben eine Zusammenfassung gaben? Romanciers, Dichter und Psychologen, die weitaus bessere Fachleute sind als wir, haben versucht, das «berühmte» Leben Mosis auszuloten; aber sie konnten uns nicht der Pflicht entbinden, zum biblischen Bericht zurückzukehren, dessen Tonart letzten Endes richtiger ist als die geschickteste Transponierung. Wenn man will, daß der Leser lernt, was für ein Mensch Moses gewesen ist, muß man ihm lediglich empfehlen, den Pentateuch aufmerksam zu lesen.

Aber es geht genaugenommen nicht darum, zu wissen, was für ein Mensch Moses gewesen ist, sondern darum, d a ß e r e i n M e n s c h g e w e s e n i s t. Von dieser Feststellung, von der Erkenntnis der Menschlichkeit Mosis, hängt in der Tat ein umfassendes Verständnis seiner Gesamtpersönlichkeit ab, in der ein persönliches Abenteuer und ein Werk unauflöslich miteinander verknüpft sind.

Ein Werk, das man vom Leben nur trennen kann, wenn man es jener Erfindung des Monotheismus gleichsetzen will, von welcher der Bibel nicht einmal das erste Wort bekannt ist. Im echten Sinn der biblischen Theologie hat Moses nichts «erfunden». Er ist ein Levit, und der Gott der Väter offenbart sich ihm, wie es durchaus einer langen Tradition entspricht. Ein Leser, der hier gelehrte Untersuchungen über Mosis Monotheismus erwartet (über seinen ägyptischen, midianitischen oder kenitischen Ursprung, über seinen monotheistischen, monolatrischen oder monarchischen Gehalt, über seinen Stammesprimitivismus oder über seinen moralischen Universalismus), hat kein Recht, auf seine Enttäuschung hinzuweisen. Wir meinen, daß alle diese Fragen nicht zu unserem Thema gehören; und wollte man eine Studie über den Geist des Monotheismus schreiben, so müßte man sich, sofern man dem Gegenstand gerecht werden möchte, auf Abraham konzentrieren; Moses war genau wie Jesus und Mohammed sein Schüler. Moses ist kein Religionsstifter, und man würde im Pentateuch den Entwurf einer Lehre oder Theologie vergeblich suchen. Sein Werk ist eine Berufung, also ein gelebtes Drama und nicht die Ausarbeitung einer Lehre. Er ist ein Berufener, und das Echo des Rufes überliefert uns der Pentateuch. Ein Drama, dessen einzelne Szenen wir herausarbeiten müssen, dessen Quelle wir freilich vor allem in der Menschlichkeit des Angerufenen zu suchen haben.

In seiner Menschlichkeit? Sie wird durch nichts überzeugender demonstriert als durch Mosis Tod. Wenn es reizvoll ist, in der Reihe der großen «Religionsstifter» Moses mit Jesus, Buddha und Mohammed zu vergleichen, so versagt dieser Vergleich gerade beim Tod. Für

Jesus war der Tod die Vollendung seiner Berufung und das entscheidende Zeichen seiner Menschwerdung und Göttlichkeit; für Buddha die Erfüllung seines mystischen Bemühens, die Ankunft am rettenden Gestade; für Mohammed ein Abschluß und der Eintritt in die Verklärung der Legende; aber für Moses war er die Erfüllung des irdischen Schicksals. Er war ihm angekündigt worden und überraschte ihn dennoch. Er war heiter und durchaus kein Leidensweg, aber dennoch der reine Schmerz, weil er ihn um seinen höchsten Wunsch betrog.

Um Gunst ging ich ihn an zu jener Frist, sprach:
Mein Herr, DU, du hast begonnen, deinen Knecht deine Größe und deine starke Hand sehen zu lassen, denn welche Gottmacht ist, im Himmel und auf der Erde, die gleichtäte deinen Taten, deinen Heldenwerken! Dürfte ich doch hinüberschreiten, daß ich sehe das gute Land, das über dem Jordan ist ...
ER sprach zu mir: Genug dir! fahre nimmer fort, zu mir noch um dies zu reden! Ersteige das Haupt des Pisga, hebe deine Augen westwärts, nordwärts, mittagwärts, morgenwärts, und sieh mit deinen Augen, denn nicht wirst du diesen Jordan überschreiten ... ja, ich sterbe in diesem Land, nicht überschreite ich den Jordan ...
So starb dort Mosche, SEIN Knecht, im Lande Moab, auf SEIN Geheiß, und er begrub ihn in der Schlucht, im Lande Moab, gegen Por-Haus zu, niemand kennt sein Grab bis an diesen Tag. Mosche war hundertundzwanzig Jahre alt bei seinem Sterben, sein Auge war nicht erloschen, seine Frische war nicht entflohn. (Deut. 3, 23 bis 27; 4, 22; 34, 5–7)

Während anderswo der Tod Fülle, Vollendung und Übergang war, war er hier eine Unterbrechung. Er war verwirrend, geheimnisvoll und siegreich, er zwang Moses, einsam zu sein. Sogar im Kusse stand Moses dem Unerbittlichen gegenüber. «Nicht, weil sein Leben zu kurz war, erreichte Moses Kanaan nicht, sondern weil es ein Menschenleben war.» (Kafka, Tagebuch, 19. Oktober 1921.) Durch seinen Tod wurde Moses an diese Erde gekettet, er erhellt im Rückblick den Sinn seines Lebens und macht es zum Symbol des Lebens auf der Erde.

Wir wollen uns durch das Grau in Grau der Hagiographie nicht täuschen lassen. Die wunderbare Aura, die Moses während der ägyptischen Plagen oder während der Zeit umgibt, als er vierzig Tage und vierzig Nächte ohne Speise und Trank auf dem Gipfel des Sinai weilt; die undeutliche und beiläufige Überlieferung seines Familienlebens, das dem prallen und farbenfrohen Dasein der Patriarchen in Kanaan so wenig gleicht; und schließlich das erhabene Leuchten des Antlitzes, das Moses zum einzigen Menschen in der Bibel macht, der physisch mit einem himmlischen Mal gezeichnet ist, zum einzigen Verklärten auf der Erde: dies alles tut Mosis irdischem Leben keinen Abbruch; bestimmte Haupttugenden begleiten es, vor allem eine, die die Bibel zum eigentlichen Merkmal der Menschlichkeit Mosis erklärt: seine D e m u t. *Aber Moses war ein sehr demütiger Mensch unter allen Menschen auf der Erde.* (Num. 12, 3) Die Übersetzung kann die absichtlichen Nuancen des Hebräischen nicht wiedergeben. Die Wörter, die hier «Mensch» und «Erde» bezeichnen, haben einen konkreten Unterton: sie erinnern an Adam, das einfache, aus Staub und Schlamm geformte Geschöpf. Nun war Moses das demütigste unter diesen Geschöpfen. Es gibt in der Tat nichts Schlichteres als die Gestalt dieses Propheten, der zum Empfang der göttlichen Offenbarung weder Träume noch Trance, weder Angst noch Ekstase braucht, sondern dahingeht und mit Gott spricht, so wie ein Mensch mit seinem Nächsten spricht. Moses hat nichts von der Entrücktheit, die für das Prophetentum bezeichnend ist und es nach außenhin in etwa dem Wahnsinn ähnlich macht. Er entgeht ihr mit Absicht, indem er es ablehnt, den Propheten, den Einsamen, den Wahrer und schützenden Wächter von Geheimnissen zu «spielen». Sein Antlitz leuchtet: er weiß es nicht. Und als ihn das Zurückweichen der Menschen merken läßt, daß er eine Aura trägt, leidet er darunter und verhüllt sein Angesicht. Er sucht die sonderbaren Fähigkeiten, mit denen ihn Gott gegen seinen Willen reich bedachte, nicht auszuschlachten und sich etwa mit einer Lichtsphäre zu umgeben. Bei ihm erinnert nichts an einen Geheimlehrer oder Mystagogen; seine Worte oder seine Gesten haben nichts Doppelsinniges, Zweideutiges oder Rätselhaftes. Nichts, was den Eindruck erweckte, als läge seine Bestimmung jenseits des Menschlichen. Seine Prophetengabe scheint ihm völlig selbstverständlich; er wundert sich, als er bemerkt, daß nicht alle Menschen prophetisch sind (Num. 11, 29). Seine Bescheidenheit hat ihn so sehr von geistiger Eifersucht und geistigem Egoismus gereinigt, daß er nicht einmal Schüler hat, um ihnen in der Intimität eines nur den Auserwählten vorbehaltenen Beieinanderseins sein Geheimnis anzuvertrauen. Josua ist sein Page, sein Leutnant, aber nicht sein Schüler. Als ihn Moses zu seinem Nachfolger bestimmt, ist das ein rein institutioneller Vorgang, und nicht wie später bei Elias und Elisa ein mystischer. Moses hat Josua so wenig wie seine eigenen Kinder «eingeweiht». Die Lehre des Meisters ging alle an. Seine metaphysischen Offenbarungen, wie außerordentlich und umwälzend sie auch waren, haben ebenso wie seine richterlichen Urteile und seine politischen Entscheidungen den Charakter des Öffentlichen, und diese Einfügung übernatürlicher Kraft ins Alltagsleben einer normalen Gesellschaft ist nicht das geringste Indiz für Mosis Menschlichkeit.

Aber es gibt noch andere. Plötzliche, laute, dichte und dröhnende Ausbrüche zeigen, daß Moses die unbesiegbare und fundamentale menschliche Natur besaß. Man erkennt sie auf den ersten Blick an ihrem Aufbrausen: es sind Zornausbrüche.

Mosis Zorn! Wie jede pathetische Äußerung scheucht er das Gewissen der Wohlmeinenden auf, die von den «Männern Gottes» erwarten, daß sie eitel Honig und Süße sind. Aber man braucht nur ein wenig mit der echten Dimension der Bibel vertraut zu sein, um zu begreifen, daß die großen Zornausbrüche der sicherste Beweis für ein Verlangen nach dem Absoluten sind. Ein schmerzliches Verlangen, denn es ist dem Menschen nicht gegeben, es zu stillen. Und darum sind Mosis Zornausbrüche zahlreich, sie markieren seinen Weg vom Anfang bis zum Ende. Moses bleibt immer völlig menschlich, denn er behält den Durst nach dem Absoluten.

Das Absolute trägt bei Moses mehrere Namen. Während der langen ersten Periode seines Lebens, als er Gott noch nicht kennt und nur ein Mensch unter allen anderen ist, bedeutet das absolute Gerechtigkeit. Achad Haam hat in einer glänzenden Skizze gezeigt, wie damals das Gerechtigkeitsgefühl der eigentliche Antrieb Mosis ist. Die Bibel berichtet nichts anderes von ihm als eine Reihe von Szenen, in denen Moses bei Ungerechtigkeiten aufbraust, zürnt und eingreift. Er stürzt sich auf den Ägypter, der den Hebräer niederschlägt, und tötet ihn. Er geht zu den beiden Hebräern, die sich streiten, und sucht sie zu trennen. Er schützt die jungen Midianiterinnen und rettet sie vor dem brutalen Zugriff der Hirten. Er ist der ewig Unruhige, den die Ungerechtigkeit anzieht wie ein Magnet; übrigens ist niemals eine Ungerechtigkeit die letzte, und Mosis Zorn kommt nur zur Ruhe, als er bewußt die Menschen verläßt, um sich in die Einsamkeit der midianitischen Wüste zurückzuziehen.

Das Absolute ist auch das Ideal. Der quälende Zwiespalt zwischen Ideal und Wirklichkeit hat Moses mit Bitterkeit und Zorn erfüllt. Bitterkeit: gibt es etwas Menschlicheres und Schmerzlicheres als die bittere Ironie des mosaischen «Warum»? (Ex. 5, 22) Soeben hatte Gott ihm einen einfachen, genauen und klar umrissenen Auftrag anvertraut: das hebräische Volk aus den Klauen des Pharao zu retten. Und jetzt, nach der Unterredung mit dem Pharao, griffen diese Klauen noch tiefer ins Fleisch der Hebräer und machten, daß sie stärker litten als zuvor. Paradoxe Rache der Wirklichkeit! Groteske Spiegelung des verhöhnten Ideals! Statt vor Hoffnung und Freude strahlende Gesichter findet Moses bei seinen Brüdern Grimassen von Schmerz und Haß. Warum, aber *warum hast du mich hinausgesandt?*

Aber wahrscheinlich war sich Moses in keinem Augenblick der Kluft zwischen Ideal und Wirklichkeit so dramatisch bewußt wie damals, als er die Gesetzestafeln am Fuß des Sinai zerschmetterte. Dies ist ein zentraler Punkt der biblischen Geschichte. Als Moses den Berg hinabsteigt, weiß er schon, daß das Volk das Goldene Kalb anbetet. Gott hat es ihm offenbart, und er kann sich das ärgerniserregende Ausmaß des Verrates ausmalen. Moses weiß auch, daß die Sünde, wie groß sie immer sei, verziehen ist. Also steigt er mit einer zweifachen idealen Sicherheit vom Berg hinab und trägt die Tafeln in den Händen: er fürchtet nicht, daß ihn die Wirklichkeit überraschen kann – sie kann nicht schlimmer sein als seine Vorstellung von ihr und wird in jedem Fall der göttlichen Verzeihung weichen müssen. Aber der Zusammenprall mit der Wirklichkeit ist so brutal, daß er alle Beziehungen zum Ideal zertrümmert. Einen solchen Greuel hätte die ausschweifendste Phantasie nicht ausdenken können. Die höchste Gnade erblaßt vor solchem Trotz. Das Ärgernis ist so groß, die Wirklichkeit so provozierend, das Kalb und das Gesetz schließen einander dermaßen aus, daß man zerschlagen, zerschmettern und zerstören muß. Hier bekommt der Durst nach dem Absoluten seinen stärksten Sinn: die Ablehnung von Kompromissen. Alles oder nichts, so heißt die Forderung der menschlichen Reinheit. Sie hat keinen größeren und strengeren Ausdruck gefunden als in der Gebärde, mit welcher Moses das Gesetz zerschmettert.

Schließlich ist für Moses Gott das Absolute. So wie der Durst nach der Gerechtigkeit und nach dem Ideal in Moses ungestillt blieb, so wurde auch sein Durst nach Gott nicht gestillt. In keinem metaphysischen Erlebnis bleibt die Grenze des Menschlichen so klar gewahrt wie in Mosis Erlebnis. Gewiß war seine prophetische Berufung ungewöhnlich und außerordentlich. Sie brachte ihn Gott ganz nahe, er war sein Vertrauter, sein Partner im Gespräch, und die biblischen Verse, die dies beschreiben, lassen eine Existenz vermuten, die weit jenseits der irdischen Normen liegt:

Nicht aber erstand hinfort ein Künder in Jissrael Mosche gleich, den ER Antlitz zu Antlitz erkannte. (Deut. 34, 10) *So redete Er zu Mosche, Antlitz zu Antlitz, wie ein Mann zu seinem Genossen redet.* (Ex. 33, 11) *Ist euer einer Künder MIR, im Gesicht geb ich ihm mich zu kennen, im Traum rede ich in ihm. Nicht so mein Knecht Mosche, in all meinem Hause ist er vertraut, Mund zu Mund rede ich in ihn, ansichtig, nicht in Rätseln, MEINE Abgestaltung erblickt er.* (Num. 12, 6–8)

Und doch, so nahe diese Existenz an Gott heranreicht – sie bleibt nichtsdestoweniger von Gottes Existenz wesentlich verschieden. Moses wird mit dem göttlichen Absoluten niemals gleichgesetzt, weder durch eine Inkarnation noch durch eine Verschmelzung oder eine Himmelfahrt. So erfordert es die dialogische Struktur der biblischen Prophetie. Die metaphysische Zweiheit der Schauplätze wird völlig gewahrt. Der Dialog zwischen Gott und Moses war strahlender, klarer und tönender als der zwischen Gott und den anderen Propheten; nichtsdestoweniger stellte er zwei radikal verschiedene Wesen einander gegenüber.

Wir haben an anderer Stelle versucht, den Aufbau des feierlichen Dramas zu analysieren, in welchem Gott und der Prophet auftreten, und man möge uns verzeihen, daß wir hier nicht ein zweites Mal ausführlich darauf eingehen. Wir wollen nur darauf verweisen, daß sich bei Moses die wesentlichen Kategorien des Prophetendienstes wiederfinden. Ist nicht der Ausdruck «*Gottes Knecht*» im Pentateuch bereits für Moses charakteristisch? Moses wird durch seine erste Berufung zum Knecht: die berühmte Szene vom brennenden Dornbusch ist eine der bezeichnendsten biblischen Episoden. Wenn anderswo der Mensch versucht, Gott zu entrinnen, bringt er uns, zwei gültige Argumente vor: Jeremias seine Jugend oder Jona seine Furcht, es werde Gott reuen. Oder er weiß wie Hesekiel Gott nichts als ein verstörtes Schweigen entgegenzusetzen. Aber Moses verficht seine Unabhängigkeit mit unermüdlichem Starrsinn. Die Argumente gleichen einander nur darin, daß sie zäh sind. (*Wer bin ich? Wer bist du?*

Sie werden mir nicht glauben. Ich habe eine schwere Sprache und eine schwere Zunge.) Und schließlich die letzte Bitte: *Sende, welchen du senden willst*, die nun nicht mehr auf einer vernünftigen Begründung beruht, sondern Mosis Angst verrät, der sich umstellt fühlt wie ein Stück Wild in seinem letzten Unterschlupf. In diesem letzten Unterschlupf ergreift und zwingt ihn Gott, und Moses hat fortan die Last seiner Berufung zu tragen. Ein Knecht ist Moses auch wegen des Leidens, das diese Berufung für ihn mit sich bringt, wegen der Gefahren, denen sie ihn aussetzt, wegen der Zweifel an seiner eigenen Kraft, an Gottes Klarheit, am Sinn und Wert seines Lebens, die sie in ihm auslöst; sie bringen ihn zuweilen bis zum Widersagen und

Moses auf dem Gipfel des Sinai (Amsterdamer Haggada)

bis zur Sehnsucht nach dem Tod, ohne daß der folgende Tag wieder etwas anderes brächte als neue Kämpfe und neue Unruhe.

Schließlich ist Moses ein Knecht durch sein Wissen. Wissen im biblischen Sinn des Wortes, also nicht Entdeckung der Mysterien und Geheimnisse der göttlichen Weisheit, sondern intuitive und durchdringende Erfahrung einer Gegenwart. Eine allzuoft mißverstandene Szene aus Mosis Leben beleuchtet dieses Problem des biblischen Wissens um Gott:

Nun habe ich doch Gunst in deinen Augen gefunden, so gib mir doch zu erkennen deinen Weg, erkennen will ich dich ... Lasse mich doch deine Erscheinung sehen! Er aber sprach: Ich selber will vorüberführen all meine Güte an deinem Antlitz, ich will ausrufen den NAMEN vor deinem Antlitz ... Und sprach: Mein Antlitz kannst du nicht sehen, denn nicht sieht mich der Mensch und lebt ... Hier ist Raum bei mir, du stellst dich auf den Fels, so wird geschehn: Wann meine Erscheinung vorüberfährt, setze ich dich in die Kluft des Felsens und schirme meine Hand über dich, bis ich vorüberfuhr. Hebe ich dann meine Hand weg, siehst du meinen Rücken, aber mein Antlitz wird nicht gesehn ... So sei bereit auf den Morgen. Am Morgen steige zum Berg Ssinai hinan und stelle dich mir dort auf dem Haupt des Bergs ... Frühmorgens machte sich Mosche auf und stieg zum Berg Ssinai hinan ... Da zog ER nieder im Gewölk, er stellte sich dort neben ihn und rief den NAMEN aus. Vorüber fuhr ER an seinem Antlitz und rief: ER ER Gottheit, erbarmend, gönnend, langmütig, reich an Huld und Treue, bewahrend Huld ins tausendste, tragend Fehl Abtrünnigkeit Versündigung, straffrei nur freiläßt er nicht, zuordnend Fehl von Vätern ihnen an Söhnen und an Sohnessöhnen, am dritten und vierten Glied. Da eilte Mosche, er bückte sich zur Erde, und er verneigte sich. (Ex. 33, 13; 34, 2)

So ist es nicht die Wesenheit, was von Gott auf den Menschen übergeht. Gottes Antlitz zu kennen war Moses verwehrt; er war ja ein Mensch, ein Sterblicher. Aber der Schatten Gottes zeigt sich dem Menschen in dem erregenden Anruf einer Liebe, die bis zur dritten, vierten und tausendsten Generation auf Antwort wartet. Das Wissen der Propheten bestand darin, daß dieser Ruf sie hic et nunc überraschte. Ihre Berufung bestand darin, zu wissen, daß sie in eine Eroberung des Absoluten, in einen berauschenden Kampf mit einem lebendigen und erhabenen Partner verwickelt waren. Aus diesem Kampfe, dessen typischstes Beispiel Jakobs Kampf mit dem Engel war (Gen. 32, 25–33), geht der Mensch mit einem stärkeren Bewußtsein seiner Niedrigkeit und seiner Verwundbarkeit hervor: Jakob hinkt. Aber diese Verwundung ist nicht die letzte Grenze seiner Existenz. Indem das Absolute den Menschen in dem verletzt, was er ist, versetzt es ihn in das, was er sein kann: Jakob wird Israel. Die Kraft des Menschen wird um so größer, je bestimmter die Kontingenz des Menschen wird. Moses entdeckt wie die anderen Propheten den Reichtum seiner Berufung an der Niedrigkeit, der er nicht entrinnen kann.

Jakobs Kampf mit dem Absoluten dauerte nur eine Nacht; Mosis

Kampf dauert hundertundzwanzig Jahre. Während seiner ganzen irdischen Existenz ertastet und erhellt er Gottes Gegenwart unter den Menschen. An dieser Gegenwart entdeckt er drei fundamentale Züge, die im Pentateuch verzeichnet sind und nicht als Kapitel eines Traktates über Theologie verstanden werden sollten, sondern als Äußerungen einer Erfahrung. Man muß sie entdecken in dem Elan, der Moses seit seinem ersten Erwachen aus der Existenz eines Menschen, der aus den Fluten des Nils errettet wurde, bis auf den Gipfel des Sinai und des Nebo trug. Sie ordnen sich um die großen Epochen seines Lebens, und dessen Schwerpunkte sind der Exodus, die Offenbarung und der Zug durch die Wüste. Wenn wir versuchen wollen, den Rhythmus dieses Elans zu erspüren, so stellen wir fest, daß die Werte, die er in sich birgt, die Grenzen einer Religion übersteigen. Große Begriffe umreißen sie, die nicht allein zum Glauben, sondern ebenso zum Leben hin geöffnet sind: die Entdeckung des Nächsten, das Gesetz und der Bund.

Der Exodus oder Die Entdeckung des Nächsten

Ein neuer König erstand über Ägypten, der hatte Jossef nicht gekannt. Er sprach zu seinem Volk: Das Volk da der Söhne Jissraels ist uns zu viel und zu stark. Auf, überlisten wirs, sonst mehrt es sich noch, und es könnte geschehen, wenn sich Krieg fügt, daß auch es unsern Hassern sich zugesellte und uns bekriegte und sich vom Land weg höbe.

Sie setzten Zwangsvögte über es, um mit ihren Lasten es zu drücken. Und es baute Vorratsstädte für Pharao, Pitom und Ramsses. Aber wie sie es bedrückten, so mehrte, so breitete es sich, es graute ihnen vor den Söhnen Jissraels. Und die Ägypter machten die Söhne Jissraels dienstbar mit Verfronung, sie verbitterten ihr Leben mit hartem Dienst in Lehm und in Ziegeln und mit allerart Dienst auf dem Feld, und all ihr Dienst, zu dem man sie dienstbar machte, geschah mit Verfronung.

Dann sprach der König von Ägypten zu den ebräischen Geburtshelferinnen, der Name der einen war Schifra, der Name der andern Pua, er sprach: Wann ihr den Ebräerinnen gebären helft, sehet zu schon an den Stützsteinen: ists ein Sohn, tötet ihn, ists eine Tochter, mag sie leben. Aber die Geburtshelferinnen fürchteten Gott, sie taten nicht, wie der König von Ägypten zu ihnen geredet hatte, sie ließen die Kinder am Leben ... Pharao gebot all seinem Volke, sprechend: Jeder Sohn, der geboren, in den Fluß werfet ihn, aber jede Tochter lasset am Leben ... Pharao gebot den Treibern überm Volk und seinen Rollenführern, sprechend: Ihr sollt nicht mehr dem Volk Stroh ausgeben, die Streichziegel zu streichen, wie vortags und ehgestern, selber sollen sie gehn und sich Stroh zusammenstoppeln! Aber der Ziegel Gemäßt, das sie vortags und ehgestern machten, legt ihnen auf, mindert nichts davon! Schlapp sind sie ja, darum schreien

sie sprechend: Laß uns gehen, laß uns schlachtopfern unserm Gott!
Wuchten soll auf den Leuten der Dienst! Sie sollen daran zu tun ha-
ben, daß sie nimmer auf Lügenreden achten. Die Treiber des Volkes
und seine Rollenführer zogen aus und sprachen zum Volk, sie spra-
chen: So hat Pharao gesprochen: Ich gebe euch kein Stroh, selber
geht, nehmt euch Stroh, wo ihrs findet, denn kein Ding wird gemin-
dert von eurem Dienst. Das Volk schwärmte aus in allem Land
Ägypten, Stoppeln für das Stroh zusammenzustoppeln. Aber die
Treiber spornten, sprechend: Vollendet, was ihr zu machen habt,
das Tagwerk an seinem Tag, wie als das Stroh da war! Und geschla-
gen wurden die Rollenführer der Söhne Jissraels, die die Treiber Pha-
raos über sie gesetzt hatten, man sprach: Weshalb habt ihr euren
Satz nicht vollendet zu streichen, wie vortags und ehgestern, so vori-
gen Tag, so heut? Die Rollenführer der Söhne Jissraels kamen und
schrien zu Pharao, sprechend: Warum machst du es so mit deinen
Knechten? Deinen Knechten wird kein Stroh gegeben, und Streich-
ziegel, spricht man zu uns, macht! Da werden deine Knechte geschla-
gen, und dein Volk wird schuldig. Er sprach: Schlapp seid ihr, schlapp,
darum sprecht ihr: wir wollen gehen, wir wollen IHM schlachtop-
fern, – und nun, geht, dient, Stroh wird euch nicht ausgegeben, und
ihr gebt an Ziegeln das Maß ab. Die Rollenführer der Söhne Jiss-
raels sahn sich im Übel, sprechen zu müssen: Mindert nicht von eu-
ren Ziegeln, das Tagwerk an seinem Tag! (Ex. 1, 8–12, 22; 5, 6–20)

Der Ziegelstein ist in Ägypten der Rohstoff schlechthin. In einer
Zeit, die viel baut, ist der Bedarf an Ziegeln praktisch unbegrenzt:
Privathäuser wie Zivil- und Militärgebäude enthalten mehr Ziegel
als Steine; die Umfassungsmauern der Obstgärten im Delta bestehen aus Ziegeln; die enormen Wälle der festen Städte sind aus Ziegeln. Auf diesem Arbeitssektor gibt es keine Pause; die Arbeitskraft
bleibt dauernd eingesetzt. Um Ziegel zu machen, muß man zunächst
den Nilschlamm mit Sand und Häcksel mischen, die Mischung be-
feuchten und stampfen, das Ganze auf die Schaufel nehmen, in eine
Form schütten, die Form abnehmen und die Ziegel trocknen lassen.
Es ist eine beschwerliche und quälende Arbeit, weil sie unerbittlich
die Wiederholung der gleichen Bewegungen verlangt; sie bietet ein
Beispiel für die im Altertum seltene Arbeit am laufenden Band. Daß
diese Fron einer Gruppe von Sklaven auferlegt wird, ist ein weiterer
Hinweis auf das rationale Prinzip bei der Verwendung von Arbeits-
kräften im totalitären Regime. Mit dem Fortgang der Bauarbeiten
erweist sich immer mehr, daß Frondienst wirtschaftlich notwendig ist
und einem Bedürfnis entspricht.

Aber welchem Bedürfnis gehorcht der Pharao, wenn er den Hebräern die Auslieferung des Strohs verweigert, ohne daß man keine
Ziegel machen kann, wenn er sie zwingt, sich selber Stroh zu besor-
gen, und trotzdem von ihnen verlangt, daß sie am Ende jedes Ar-
beitstages die gleiche Ziegelmenge liefern wie zuvor? Hier verliert
der Begriff der Arbeit seinen utilitären Sinn: die Zeit, die bei der
Rohstoffbeschaffung verlorengeht, kann nicht wieder eingeholt wer-

den, und die Termine verzögern sich unweigerlich. Die Volkswirtschaft hat unter dieser Maßnahme zu leiden. Aber was tut's? Man fühlt, der Einsatz übersteigt die bürgerliche Logik. Diese Arbeit um ihrer selbst willen soll infolge ihrer Beschwerlichkeit und ohne Rücksicht auf ihre Produktivität die Männer, die sie leisten, vertilgen oder, um den Ausdruck im Buche Exodus zu benutzen, *bedrücken* (Ex. 1, 11). Mit diesem Erlaß des Pharao verlassen wir den klaren Bereich ökonomischer Gesetzlichkeit und betreten den dunklen und finsteren Bezirk der KZ-Welt.

Spielt dieses Verlangen nach Demütigung die wichtigste Rolle bei der Hebräerverfolgung der Ägypter, oder hatten sie in Wirklichkeit die Absicht, die Hebräer auszurotten? Die Frage ist wahrscheinlich falsch gestellt. Die Mystik des Hasses entwickelt selten eine Rangordnung ihrer Ziele. Ihr Kennzeichen ist das Bemühen, alle Ziele mit dem gleichen Starrsinn zu verwirklichen. Die bevölkerungspolitischen Erlasse des Pharao – Erdrosselung der männlichen Neugeborenen durch die Hebammen, Ertränkung aller Knaben – zeigen klar, daß es sich um das Verbrechen des Mordes an einem Volke handelt. Hier wird der Leib des Opfers ebenso getroffen wie seine Seele, und gerade die Allgemeinheit dieses Anschlags zeigt, daß er in einer KZ-Welt erfolgt, wo sich der Stacheldraht um ein Opfer schließt, das gleichzeitig Versuchsobjekt der Erniedrigung und ein Todgeweihter ist.

Schikanen, Mißhandlungen, Repressalien: man weiß, daß solche Begriffe sich nie aus ihrem politischen Kontext erklären lassen. Zu ihnen gesellt sich das Element der Schaulust; sie ruft die brutalsten Instinkte auf den Plan. Fließbandarbeit, Zwangsarbeit und Frondienst sind einfach zu kontrollieren; die Aufseher erfüllen dabei eine rein mechanische Funktion: übrigens hat der technische Fortschritt diese Aufseher von einst durch Registriermaschinen ersetzt. Aber die erniedrigende Arbeit ist ein Schauspiel. Die Opfer spielen das Stück, die Wächter folgen ihnen und möchten es genießen. Auf diesem Gebiete ist keinerlei Entwicklung erfolgt, das Tierische im Menschen ist im Laufe der Jahrhunderte unbeweglich auf seiner instinktiven Stufe stehengeblieben. In Ägypten wie in Auschwitz ist das Symbol der aktiven Überwachung und der Teilnahme des Zuschauers am Spiel des Opfers die Peitsche. Daß diese Aufseher teilweise Ägypter und teilweise eben hebräische Gefangene waren, ist ein weiterer Beweis dafür, daß hier KZ-Kategorien im Spiele sind. Es gibt kein sichereres Mittel, jemanden zu erniedrigen, als diese Scheinmacht eines Opfers, das man aus allen anderen herausnimmt: eine Macht, die man lediglich erwerben kann, indem man ein Minimum an Verrat akzeptiert; die man nur bewahren kann, indem man ein Maximum an Niedertracht begeht; die man nur ausüben kann, indem man beständig davor bangt, sie wieder zu verlieren; und die man in der Tat durch eine plötzliche Laune der Machthaber verliert, die niemand voraussehen oder verhindern kann. Dies sind nicht mehr allein die Instinkte der Henker, die durch den Sadismus entfesselt werden. Dies dient in der Tat dazu, den Menschen im Menschen zu erniedrigen.

Theben: Rekh-mi-Rhe-Grab

Sadismus und Mord an einem Volk sind zusammengehörige Bestandteile der KZ-Welt. Man findet sie auch anderswo in der Geschichte. Was Ägypten und Auschwitz einander so ähnlich macht, ist nicht allein der Umstand, daß beide Male die Gewalt gegen ein und dasselbe Volk gerichtet ist, sondern daß sie hier wie dort einer echten Administration unterliegt. Es waren die Fachleute der Gewalt, um mit H. Marcuse zu reden, die das KZ-Regime des Dritten Reiches führten. Es gibt dieselbe Intelligenz des Bösen und denselben Kalkül der wirksamsten Methode in der antihebräischen Aggressivität des Pharao (Ex. 1, 10). Vielleicht stand hinter der ersten ägyptischen Reaktion ein Gefühl der Panik und ein unklarer Wille zur Verteidigung, der einen Ausdruck suchte, ganz gleich, mit welchen Mitteln. Im Laufe der Zeit jedoch entwickelte sich die Hebräerverfolgung in Ägypten methodisch und nach einem Plan, dessen Abschnitte im Exodus-Bericht verzeichnet sind und objektiv in den Rahmen des totalitären Milieus im Ägypten des Neuen Reiches passen.

Wir wollen uns noch einmal die konkreten Fakten des Elends der Hebräer vergegenwärtigen: die aufreibende Zwangsarbeit; die Maßnahmen, die dem Mord an einem Volke dienten und Polizeiaktionen, Untersuchungen sowie Rettungs- und Entführungsversuche voraussetzten (scheiterten diese, so wurden die genannten Maßnahmen unendlich grausam); den Sadismus der Funktionäre, der in einer gegenseitigen Psychose von Mißtrauen und Haß Menschen gegen Menschen hetzt; das Phänomen des Bevölkerungszuwachses in einer kleinen Provinz, in welcher eine trotz finsterer Gegenmaßnahmen ständig wachsende Bevölkerung auf engem Raum zusammengepfercht ist; das alles in einem Land, das planmäßig die Ausbeutung der Proletarier, Metöken und Sklaven betreibt – man darf wohl sagen, daß das Elend der Hebräer ein höllischer Bereich in einer KZ-Welt war.

Diese Tatsache ist nicht nur wegen ihrer unmittelbaren Folgen wichtig. Wie groß die Lücke auch war, die der Exodus in das Gefüge des ägyptischen Reiches gerissen hat; wie außerordentlich auch die Chance war, die dem geflohenen und befreiten hebräischen Volke geboten wurde: es hatte sich etwas Wesentliches ereignet: ein Bann war gebrochen, der auf der elenden Menschheit lag und in Ägypten in seinen schlimmsten Formen greifbar wurde. Es kam zum völligen Umsturz aller Werte des Elends; er zog die Menschen, die ihn verkörperten, in seinen Strudel hinein. An diesem Tage wurde der Sklave, der Fremde, der Internierte und der Proletarier wieder in seine Menschlichkeit eingesetzt. Die Tatsache, daß diese Umwälzung von der untersten sozialen Schicht ausging und daß dieser Hebel die verschiedensten Formen des Elends sprengte, verleiht ihm seine große historische Bedeutung. Nicht Israel allein erlebte den Exodus, sondern mit ihm *die ganze große Menschenmasse* (Ex. 12, 38). Die Bresche

Auschwitz («Das Buch ohne Namen»)

Auschwitz («Das Buch ohne Namen»)

die dadurch geschlagen wurde, öffnet fortan einen Ausweg für alles Elend. Sie konstituiert durch die Geschichte hindurch die ewige Herausforderung an die Gewalt.

Eine Herausforderung, die Moses vollbewußt und in vollkommener Autonomie gesprochen hat. Während Moses bei den entscheidenden Ereignissen des Exodus nur Gottes Helfer ist, schlägt er, als er den ägyptischen Fronvogt tötet, bereits die Bresche, die später Gottes Eingreifen erweitert. In einer gewaltsamen Vorwegnahme, in einem einzigen Ausbruch ist alles zusammengefaßt, was später der Exodus in Klugheit und Geduld verwirklicht; der Mord an dem Ägypter bezeugt die Begegnung Mosis mit der Gewalt. Als Zuschauer bei einem Unrecht und einer Erniedrigung des Menschen empfindet er die Verletzung des anderen so, als mordete sie ihn selbst: er zerschmettert den Egoismus seines Ich und entdeckt den Nächsten. Und diese Ent-

82

deckung führt letzten Endes zum Exodus. Der Abstand zwischen den Menschen ist verschwunden. Statt eines anderen, dessen Umrisse sich bislang verwischen konnten, bis sie zu einer absoluten Nichtähnlichkeit verblaßten, ist nun jeder jedem der Nächste geworden.

Jeder. Selbst Gott.

Wie ein Mann zu seinem Freunde redet, so wird der Dialog zwischen Moses und Gott (Ex. 33, 11). Der Dialog zwischen dem Menschen und Gott am Sinai lautet: *Ich bin dein Gott, der dich führte aus dem Land Ägypten, aus dem Haus der Dienstbarkeit.* (Ex. 20, 2) Der Auszug aus Ägypten — und er allein — gibt Gott das Recht, ICH zu sagen und den Menschen DU zu nennen. Die metaphysische Vertrautheit hat Ursprung und Rechtfertigung in Gottes Werk auf Erden. Der Weg von Gott zum Menschen führt durch den Schmutz und das Elend des Feuerofens. Nach einem Schema, das für die Bibel

Theben (Nakht-Grab)

entscheidend bleibt, geht es bei dem Dialog zwischen Gott und den Menschen nicht in erster Linie um die Rechtfertigung des Menschen vor Gott, sondern um die Rechtfertigung Gottes vor dem Menschen.

Der ganze biblische Bericht über den Exodus hat diese Neigung, die Geschichte der Ereignisse als eine irdische Geschichte erscheinen zu lassen. Das Drama, das sich in Ägypten abspielt, hat scheinbar mythische Dimensionen. Diese Plagen, diese Wunder, diese Frösche, dieses Ungeziefer, dieser Hagel, diese Finsternis – erwecken sie nicht den Anschein, als wären sie die Zeichen eines mythologischen Symbolkreises und träten in einer großen Theomachie, wie sie der Religiosität des alten Orients vertraut ist, dem anderen mythologischen Symbolkreis mit seinen Sphinxen, Ochsen, Ibissen, Katzen, Geiern, mit Osiris und Horus gegenüber, dessen Inkarnation der Pharao ist? Und dennoch schwindet der Mythos in eben dem Maße, in dem er sich innerlich öffnet und die Geschichte in sich eindringen läßt. Der Aufbau des Berichtes zeigt, daß wir hier eine der typischsten Seiten biblischer Entmythologisierung vor uns haben. Anfangs bieten der Pharao und die Zauberer Gott kraft ihrer mythischen Gewalt die Stirn. Aber bald erscheint der Finger Gottes: die Zauberer verschwinden (8, 15), und schließlich bricht auch der vergöttlichte Mensch zusammen. Von dem gigantischen Pharao mit seinem verstockten Herzen bleibt nur ein kleines Wesen, das vor dem Lager steht, auf dem sein Erstgeborener stirbt, und erschrocken entdeckt, daß es weiter nichts als ein Mensch ist (12, 30). In diesem Augenblick, als sich die Masse der Sklaven über die nun endgültig geschlagene Bresche einen D u r c h g a n g in die Freiheit bahnt, spielt sich fern von jedem Mythos auf der historischen Stufe des menschlichen Lebens das Passahdrama ab. *Durch das Passah sind die Götter besiegt.* (Num. 33, 4) Die Möglichkeit, Menschen zu Göttern zu machen, ist zuschanden geworden. Gottes Hand ist nicht zu Mythen, sondern zu Menschen ausgestreckt, um sie zu schlagen, zu befreien und gleichzumachen. Gott tritt auf den Plan der Geschichte. Die metaphysische Begegnung beruht auf dem Passahereignis, auf dem brutal konkreten Zerbrechen der Sklavenkette. *Ich habe euer Joch zerbrochen und habe euch aufgerichtet wandeln lassen.* (Lev. 26, 13)

Die Offenbarung oder Das Gesetz

Der Sinn des Ereignisses wird in Ägypten nicht ganz deutlich. Der Exodus ist nur ein Aufbrechen, aber die Straße selbst hat ein präzises Ziel: sie führt zum Sinai. Dort spricht Gott zu einem ganzen Volk, und zwar in einer denkwürdigen Szene, die in der biblischen Geschichte einzig dasteht, im Rahmen einer Theophanie, der keins der für die Erfahrung des Numinosen wesentlichen Elemente fehlt. *Es ward am dritten Tag, wies Morgen wurde, da ward Donnerschallen und Blitze, ein schweres Gewölk auf dem Berg und sehr starker Schall der Posaune. Alles Volk, das im Lager war, bebte. Mosche aber* führte das Volk Gott entgegen, aus dem Lager, sie stellten sich auf zuunterst des Bergs. Der Berg Ssinai rauchte all, darob daß ER im Feuer auf ihn herabfuhr, sein Rauch stieg wie des Schmelzofens Rauch, all der Berg bebte sehr ... (Ex. 19, 16–19)

Der Dekalog wird verkündet, zehn feierliche Sätze, die aber nur der Grundstein eines viel umfangreicheren geistigen Gebäudes sind. Dieses entsteht allmählich in dem vertrauten Dialog zwischen Gott und Moses, der nach der Theophanie am Sinai und sogar bis zum letzten Tage weitergeht, da Moses vor seinem Tod dem Volk das gesamte, getreulich in das Buch übertragene und von ihm in einer langen Paränese bereits kommentierte G e s e t z anvertrauen kann. Denn eben das Gesetz steht im Mittelpunkt der Offenbarung am Sinai. Gott, der seit dem Exodus mit dem Menschen spricht, als wäre er völlig gleichberechtigt, sagt ihm nicht mehr DU, sondern DU SOLLST. Der Imperativ ist aufgekommen; er steht auf den steinernen Tafeln des Dekalogs, die Moses auf seinen Armen trägt und in der Stiftshütte hinterlegt; er steht auch im Buch der Thora, das Moses Israel in der frohen Überzeugung hinterläßt, daß er damit den Menschen den Schlüssel zu jeder menschlichen Berufung übergeben hat.

Wir wollen einen Augenblick bei diesem «Imperativ» verweilen, bevor wir darauf hinweisen, daß er seine letzte Erklärung erst in einer Kreisebene findet, bei der er zwar den Mittelpunkt darstellt, aber nicht das Ganze und vor allem nicht die «Strahlen».

Als erster Apologet des Imperativs im Gesetz unterstreicht Moses dessen ideale und universale Größe: ... das ist eure Weisheit und euer Verstand vor den Augen der Völker, die all diese Gesetze hören werden und sprechen: Ja doch, ein weises und verstehendes Volk ist dieser große Stamm! ... Denn welcher große Stamm ist, der Gesetze und Rechtsgeheiße hätte, wahrhaft wie alle diese Weisung, die ich heuttags vor euch lege. (Deut. 4, 6–8) «Heuttags»? In einem Abstand von über drei Jahrtausenden und ohne alle apologetische Voreingenommenheit einfach mit Rücksicht auf die Überlegungen, die unsere Kenntnis der Welt uns aufdrängt, kann jeder das Lob unterschreiben, das Moses seinem eigenen Gesetz spendet.

Der Imperativ des Gesetzes versteht sich häufig bewußt als ein Bruch: Ihr sollt nicht tun nach den Werken des Landes Ägypten, darin ihr gewohnt habt, auch nicht nach den Werken des Landes Kanaan, darein ich euch führen will ... sondern nach meinen Rechten sollt ihr tun und meine Satzungen sollt ihr halten, daß ihr darin wandelt ... (Lev. 18, 3, 4) Der Lauf des Gesetzes versteht es, sich eine völlig neue Bahn zu brechen, und zwar in einem jungfräulichen Bereich und ohne Berührung mit Ordnungen von einst. Ägypten und Kanaan sind Israels nächste Nachbarn; aber außer diesen Völkern sind alle Kulturen des damaligen Orients in die genannte Ablehnung einbeschlossen. In einer schon wohlgegliederten Welt, in der die Menschen sich Überzeugungen, Lebens- und Denkformen erarbeitet haben, nimmt der Imperativ der Thora für sich in Anspruch, eine neue Dimension einzuführen. Man wird es uns erlassen, hier noch einmal die Beweise für diesen Anspruch anzuführen. Sie sind sehr häufig von Forschern aller Richtungen vorgelegt worden, seit wir in einem immer stärkeren Maße die juristischen und religiösen Texte des alten Mittleren Ostens kennenlernten (Gesetzbuch des Hammurabi, sumerischer und hethitischer Kodex, Literatur von Ras-Schamra), und ihre Schlußfolgerungen sind einander so ähnlich, daß es nicht mehr nötig ist, noch einmal im einzelnen darauf einzugehen.

Wir wollen jedoch auf einige der bezeichnendsten Punkte hinweisen, auf einige wirkliche Neuerungen, die der Imperativ der Thora in die Grundstrukturen der menschlichen Gesellschaft einführt.

Es gibt zuerst den Zweig der Imperative der Menschenwürde, einen Zweig, der unermüdlich dem Exodusereignis aufgepfropft wird. Alles klingt, als wollte das Gesetz eine Verkrustung des Exodus verhindern und als verlangte es deshalb, daß sich der Mensch im Angesicht des Nächsten noch einmal in die Atmosphäre der Bresche versetzt, daß er noch einmal das Erlebnis des Überganges von der Erniedrigung zur Würde in all seiner Frische wiederentdeckt: *Denn ER euer Gott, er ist der Gott der Götter, der Herr der Herren, die große, die heldische, die furchtbare Gottheit, er, der Ansehn nicht gelten läßt und Bestechung nicht annimmt, der der Waise und Witwe Recht schafft, der den Gastsassen liebt, ihm Brot und Gewand zu geben. So liebet den Gast, denn Gastsassen wart ihr im Lande Ägypten.* (Deut. 10, 17–20)

Einen Gastsassen placke nicht, quäle ihn nicht, denn Gastsassen wart ihr im Land Ägypten! Eine Witwe oder Waise sollt ihr allweil nicht bedrücken. Leihst du Geld meinem Volk, dem Gebeugten neben dir, sei ihm nicht wie ein Forderer, Zinshärte legt ihm nicht auf. Pfändest du, pfändest das Tuch deines Genossen, eh die Sonne einging, erstatte es ihm zurück, denn es allein ist seine Hülle, es sein Tuch für seine Haut, worin soll er sich schlafen legen? (Ex. 22, 20–26) *Wenn du deinem Genossen Borg, irgenderlei borgst, geh nicht ein in sein Haus, sein Pfand abzupfänden, auf der Straße sollst du stehen, und der Mann, dem du borgst, bringe das Pfand zu dir auf die Straße heraus. Ist er aber ein notgebeugter Mann, lege dich nicht nieder mit seinem Pfand, zurück gib ihm das Pfand, zurück, sowie die Sonne eingeht, daß er sich in seinem Tuche lege ... Presse nicht einen Löhner, einen gebeugten und bedürftigen, von deinen Brüdern oder von deiner Gastschaft, die in deinem Lande, in deinen Toren ist, an seinem Tag gib ihm seinen Lohn, nicht soll darüber die Sonne eingehn, denn gebeugt ist er, seinen Lebensatem hebt er danach ... Biege nicht das Recht eines Gastsassen, einer Waise, beschlagnahme nicht das Gewand einer Witwe, gedenke, daß du Knecht warst in Ägypten und ER dein Gott hat dich von dort abgegolten, darum gebiete ich dir diese Sache zu tun. Wenn du deine Ernte auf deinem Feld einerntest und du vergissest auf dem Feld eine Garbe, kehre nicht um, sie zu nehmen, dem Gast, der Waise und der Witwe werde es ... Wenn du einen Ölbaum abklopfst, säubre nicht hinter dir nach,*

Lev. 19, 31–34: Wenn ein Fremdling bei dir in eurem Lande wohnen wird, den sollt ihr nicht schinden. Er soll bei euch wohnen wie ein Einheimischer unter euch, und sollt ihn lieben wie dich selbst; denn ihr seid auch Fremdlinge gewesen in Ägyptenland.

Lev. 20, 20–23: So haltet nun alle meine Satzungen und meine Rechte und tut danach, auf daß euch nicht das Land ausspeie, darein ich euch führe, daß ihr darin wohnet.

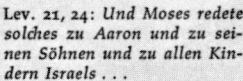

Lev. 21, 24: Und Moses redete solches zu Aaron und zu seinen Söhnen und zu allen Kindern Israels . . .

Lev. 22, 4–5: Welcher der Nachkommen Aarons aussätzig ist oder einen Fluß hat, der soll nicht essen von dem Heiligen, bis er rein werde . . .

Tet, der neunte Buchstabe des hebräischen Alphabets. Anfangsbuchstabe des Wortes «tob» = gut, und mittlerer Buchstabe des Wortes «chet'h» = Sünde. Die beiden Hände weisen den Weg zum Guten und zum Bösen (Zeichnung von Abraham Krol)

dem Gast, der Waise und der Witwe werde es. Wenn du deinen Rebgarten einherbstest, pflücke nicht hinter nach, dem Gast, der Waise und der Witwe werde es. Gedenke, daß du Knecht warst im Land Ägypten, darum gebiete ich dir diese Sache zu tun. (Deut. 24, 10–22)

Diese bleibende Methode, den Nächsten mit der Autorität eines erlebten Ereignisses zu verbinden, erlaubt es dem Gesetz, gewisse Satzungen zur Person radikal zu verändern. Der Arme, die Witwe, die Waise sind in der Tat nur die Opfer zufälliger Situationen, die morgen der Zufall korrigieren kann. Aber was ist mit dem Sklaven, dem Metöken? Ist ihre Lage nicht unwiderruflich und stellen sie nicht im Rahmen der antiken Gesellschaften eine Gruppe dar, die unerbittlich an ihr Schicksal gekettet ist? Indem das Gesetz rechtskräftige Bestimmungen über den Sklaven und den Metöken erläßt, indem es die Rechte der Herren und der Ureinwohner streng nach Inhalt und Zeit umreißt und ihre persönliche Autonomie gebieterisch garantiert, zerschmettert es eines der zähesten Vorurteile kollektiver Mentalität:

Wenn du einen ebräischen Dienstknecht erwirbst, soll er sechs Jahre dienen, aber im siebenten gehe er in die Ledigung aus, umsonst... Wenn jemand das Auge seines Knechts oder das Auge seiner Magd schlägt und verdirbt es, schicke er ihn in die Ledigung zum Ersatz seines Auges; bricht er den Zahn seines Knechts oder den Zahn seiner Magd ab, schicke er ihn in die Ledigung zum Ersatz seines Zahnes... (Ex. 21, 2, 26–27) Wenn dein Bruder sich dir verkauft, der Ebräer, oder die Ebräerin, soll er dir sechs Jahre dienen, im siebenten Jahr schicke ihn geledigt von dir weg. Wenn du ihn dann geledigt von dir weg schickst, schicke ihn nicht lohnleer, anhalse ihm Halsangebind: von deinem Kleinvieh, von deiner Tenne, von deiner Kufe, womit ER dein Gott dich gesegnet hat, sollst du ihm geben. Gedenke, daß du Dienstknecht warst im Lande Ägypten und ER dein Gott dich abgegolten hat, darum gebiete ich dir heuttags diese Sache.

Einen Knecht, der sich von seinem Herrn weg zu dir rettet, sollst du nicht seinem Herrn überliefern, bei dir sitze er, in deinem Innern, an dem Ort, den er wählt, in einem deiner Tore, wo ihm gutdünkt: placke ihn nicht!... (Deut. 23, 16–17) Wenn ein Gastsasse bei dir in eurem Lande gastet, plackt ihn nicht, wie ein Sproß von euch sei euch der Gastsasse, der bei euch gastet, halte lieb ihn, dir gleich, den Gastsassen wart ihr im Lande Ägypten. (Lev. 19, 33–34) Einerlei Weisung sei dem Sproß und dem Gast, der in eurer Mitte gastet. (Ex. 12, 49) Einerlei Recht sei euch, gleich sei der Gast, gleich der Sproß... (Lev. 24, 22)

Der Aufstieg des Sklaven, Metöken und Armen zur Person brachte das Gesetz dazu, den Bereich der Arbeit zu regeln. Es stößt der antiken Gedanken einer ewigen Trennungslinie zwischen den «Müßigen» und den «Arbeitenden» völlig um und verfügt für alle Menschen, daß Arbeitszeiten und Mußezeiten miteinander abwechseln sollen. Niemand ist mehr ohne Unterbrechung in seine Arbeit eingespannt; die periodisch gebotene Ruhe ist eines der Zeugnisse für die Berufung aller Menschen zur Freiheit:

Ein Tagsechst wirk deine Werke, aber am siebenten Tag feiere, damit ausruhe dein Ochs und dein Esel und eratme der Sohn deiner Magd und der Gast. (Ex. 23, 12) Wahre den Tag der Feier, ihn zu heiligen, wie ER dein Gott dir gebot. Ein Tagsechst diene und mache all deine Arbeit, aber der siebente Tag ist Feier IHM deinem Gott: nicht mache allerart Arbeit, du, dein Sohn, deine Tochter, dein Dienstknecht, deine Magd, dein Ochs, dein Esel, all dein Vieh, und dein Gastsasse in deinen Toren, – damit ausruhe dein Knecht und deine Magd, dir gleich. Gedenke, daß du Knecht warst im Land Ägypten und ER dein Gott dich von dort mit starker Hand, mit gestreck-

*tem Arm ausgeführt hat, deshalb gebot dir ER dein Gott, den Tag
der Feier zu machen.* (Deut. 5, 12–15)

Das Gesetz spricht eine weitere Forderung aus, die weniger deutlich an das Ereignis des Exodus anknüpft, aber ebenso ursprünglich
ist: die nach geschlechtlicher Moral. Sie ist um so revolutionärer, als
die antiken Gesellschaften sexuelle Verirrungen aller Art (Homose-
xualität, Sodomie, Prostitution, Orgien) nicht nur duldeten, sondern
sie in ihre religiösen Riten oder theologischen Liturgien einfügten.
Das Gesetz verdammt sie unwiderruflich, genauso wie Magie und
Aberglauben, die ihresgleichen sind. Diese Imperative, in denen Moral und Kult unlösbar miteinander verknüpft sind, gehören zu den
«prophetischsten» Bereichen des Gesetzes:

*Nicht sei Weihdirne von den Töchtern Jissraels eine, nicht sei Weih-
knabe von den Söhnen Jissraels einer.* (Deut. 23, 18) *Von denen deines Samens sollst du nicht hergeben, sie dem Molech darzuführen,
den Namen deines Gottes sollst du nicht preisgeben . . . Einem Männlichen sollst du nicht beiliegen in Weibs Beilager, Greuel ists. In
allerart Vieh sollst du nicht deine Ablagerung geben, an ihm maklig
zu werden, ein Weib stehe nicht vor seinem Vieh, sich ihm zu paaren,
Wirrung ists. Bemakelt euch nimmer an alle dem, denn an alle dem
wurden bemakelt die Stämme, die ich vor euch fortschicke, maklig
wurde das Land, ich ordnete seinen Fehl ihm auf, das Land spie seine
Insassen aus. Ihr denn, wahret meine Satzungen und meine Rechtsgeheiße, tut nichts von all diesen Greueln, der Sproß und der Gastsasse, der in eurer Mitte gastet . . .* (Lev. 18, 21–26)

*Wenn du in das Land kommst, das ER dein Gott dir gibt, lerne
nicht den Greueln jener Stämme gleichtun! Nicht werde unter dir gefunden einer, der seinen Sohn oder seine Tochter durchs Feuer darführt,
einer, der Wahrsagung sagt, ein Tafwähler, ein Erahner, ein Zauberer, einer, der Haftbann heftet, einer, der Elb und Wisserischen
befragt, einer, der die Toten beforscht, denn IHM ein Greuel ist all-
jeder, der dies tut, um dieser Greuel willen enterbt ER dein Gott sie
vor dir her. Ganz sollst du mit IHM deinem Gotte sein!* (Deut. 18,
9–13)

Der Geist der Propheten lebt ebenso in den innerhalb des Gesetzes
einander so polar entgegengesetzten Forderungen nach Gerechtigkeit
und Nächstenliebe. Man muß der Gerechtigkeit nachjagen, und kein
Hindernis darf den Lauf zum Stillstand bringen, weder das geheiligte Asyl eines Tempels noch die etablierte Macht oder weinerliches
Mitleid: *Dem Wahrspruch, dem Wahrspruch jage nach . . .* (Deut. 16,
20) *Wenn jemand aber sich vermißt gegen seinen Genossen, Ihn mit
Hinterlist umzubringen, von meiner Schlachtstatt hinweg hole ihn,
daß er sterbe.* (Ex. 21, 14) *Ihr sollt kein Ansehen betrachten im
Gericht, so Kleinen so Großen sollt ihr anhören. Nicht sollt ihr ban-
gen vor Mannes Ansehn, denn das Gericht ist Gottes.* (Deut. 1, 17)
Biege nicht das Recht deines Dürftigen in seinem Streit. (Ex. 23, 6)
*Sei nicht im Gefolg einer Mehrheit zum Bösen. Stimme über einen
Streitfall nicht so, dich zu beugen ins Gefolg einer Mehrheit, und so*

zu biegen. *Auch den Armen beschönige in seinem Streitfall nicht.*
(Ex. 23, 2–3) *Macht nicht Verfälschung im Gericht. Emporhebe nicht das Antlitz eines Geringen, verherrliche nicht das Antlitz eines Großen, nach Wahrheit richte deinen Volksgesellen.* (Lev. 19, 15)

Aber das Gebot der Liebe ist ganz genauso absolut. Man muß die Haßpsychose überwinden, die sozialen Vorurteile zerschmettern und den Bannkreis des Egoismus zerschlagen: *Wenn du auf den Ochsen deines Feindes oder seinen Esel triffst, der umirrt, zurück bring ihn, zurück ihm. Wenn du den Esel deines Hassers unter seiner Tracht erliegen siehst, enthalte dich, ihms zu überlassen – herunter, herunterlassen sollst du zusammen mit ihm.* (Ex. 23, 4–5) *Den Gastsassen halte lieb, dir gleich.* (Lev. 19, 34) *Heimzahle nicht und grolle nicht den Söhnen deines Volkes. Halte lieb deinen Genossen, dir gleich.* (Lev. 19, 18)

Aber die Kühnheit des Gesetzes erreicht ihren Höhepunkt bei der Forderung nach H e i l i g k e i t. Nicht eine der soziologischen Definitionen der Heiligkeit – weder der Automatismus des Geheiligten noch die ideale Tugend oder die Askese – ist auf das berühmte neunzehnte Kapitel des Leviticus anwendbar, das Imperative in überraschenden Zusammenstellungen ausspricht. Körper, Seele, Geist, Wille, das moralische Streben, der natürliche Instinkt, Zeit, Raum, Individuum, Gesellschaft, Ethik und Ritus drängen sich in einem verwirrenden Durcheinander, dessen Ordnungsprinzip unergründlich bliebe, wenn nicht sogleich der erste Vers den Schlüssel böte: *Ihr sollt heilig werden, denn heilig bin ICH euer Gott.* So wird der Mensch nicht lediglich zum Gehorsam aufgefordert, sondern zur Nachahmung berufen. Die Thora läßt sich nicht auf einen Imperativ reduzieren; sie tendiert zu einer anderen Form, dem Partizip, dessen erste Stufe die Nachahmung ist. Das 19. Kapitel Leviticus, das Kapitel über die menschliche Heiligkeit durch Nachahmung der Heiligkeit Gottes, erhellt sich im Lichte dieses Motivs der Nachahmung. Inhalt und Ziel des Gesetzes ist das Leben. Im göttlichen Leben ist das Eine verwirklicht: die Heiligkeit Gottes. Aber soll der Mensch, der nach Gottes Ebenbild geschaffen ist, von den unendlichen Widersprüchen seines Lebens verstümmelt, zerteilt und geviertelt bleiben? Das Gesetz wirft auf das Leben des Menschen ein allumfassendes Licht, oder besser, es drängt ins Leben wie eine riesige Woge, bedrängt es an allen seine Öffnungen, sickert in alle seine Kanäle, umspült alle seine Gestad. Vom rohesten biologischen Instinkt bis zur raffiniertesten geistigen Sublimierung wird alles vom Gesetz ergriffen und durchtränkt. So muß man dieses Kapitel von der Heiligkeit nach Mosis Gesetz verstehen. Wenn dort die Vermehrung des Lebens mit solchem Realismus angedeutet wird, so deshalb, weil die Anstrengung der Heiligkeit gerade versuchen muß, sie zu organisieren und einheitlich zu machen.

ER redete zu Mosche, sprechend: Rede zu aller Gemeinschaft der Söhne Jissraels, sprich zu ihnen: Ihr sollt heilig werden, denn heilig bin ICH euer Gott. Jedermann seine Mutter und seinen Vater sollt

 שְׁמַע יִשְׂרָאֵל
יְהֹוָה אֱלֹהֵינוּ
יְהֹוָה אֶחָד ׃
וְאָהַבְתָּ אֵת יְהֹוָה
אֱלֹהֶיךָ בְּכָל לְבָבְךָ
וּבְכָל נַפְשְׁךָ וּבְכָל
מְאֹדֶךָ ׃

אֲנִי יְהֹוָה אֱלֹהֶיךָ
לֹא יִהְיֶה לְךָ אֱלֹהִים
אֲחֵרִים עַל פָּנָי ׃
לֹא תִשָּׂא אֶת שֵׁם
יְיָ אֱלֹהֶיךָ לַשָּׁוְא ׃
זָכוֹר אֶת יוֹם
הַשַּׁבָּת לְקַדְּשׁוֹ ׃

ihr fürchten. Meine Feiern sollt ihr wahren. ICH bin euer Gott. Wendet euch nimmer zu den Gottnichtsen, Gußgötter machet euch nicht. ICH bin euer Gott ... Wann ihr den Schnitt eures Landes schneidet, vollende nicht den Rand deines Feldes zu schneiden, die Lese deines Schnittes lies nicht nach, deinen Weinberg pflücke nicht aus, den Abfall deines Weinbergs lies nicht auf, dem Armen und dem Gastsassen überlasse sie. ICH bin euer Gott. Stehlt nicht. Hehlet nicht. Belüget nicht ein Mann seinen Volksgesellen. Schwöret nicht bei meinem Namen zur Lüge, daß du den Namen deines Gottes preisgäbest. ICH bins. Presse nicht deinen Genossen. Raube nicht. Nicht nachte das Erarbeitete eines Löhners bei dir bis an den Morgen. Lästre nicht einen Tauben, vor einen Blinden lege nicht einen Anstoß: fürchte dich vor deinem Gott. ICH bins. Macht nicht Verfälschung im Gericht. Emporhebe nicht das Antlitz eines Geringen, verherrliche nicht das Antlitz eines Großen, nach Wahrheit richte deinen Volksgesellen. Trage nicht Verleumdung unter deinen Volksleuten feil, steh nicht still bei dem Blut deines Genossen. ICH bins. Hasse nicht deinen Bruder in deinem Herzen, mahne, ermahne deinen Volksgesellen, daß du nicht Sünde seinethalb tragest. Heimzahle nicht und grolle nicht den Söhnen deines Volkes. Halte lieb deinen Genossen, dir gleich. ICH bins. Meine Satzungen wahrt: nicht zwieartig paare dein Vieh, nicht zwieartig säe dein Feld, zwieartig Gewand, Mengstoff, komme nicht auf dich ... Eßt nicht überm Blut. Erahnet nicht und tagwählet nicht. Abrundet nicht die Ecke eures Haupthaars, verdirb nicht die Ecke deines Bartes. Ritze um eine Totenseele gebt nicht an euer Fleisch, Ätzschrift gebt nicht an euch. ICH bins. Gib nimmer deine Tochter preis, sie zu verhuren, daß nicht das Land verhure und sich fülle mit Unzucht das Land. Meine Feiern wahrt, mein Geheiligtes fürchtet. ICH bins. Wendet euch nimmer zu den Elben und zu den Wisserischen, sucht sie nimmer auf, maklig zu werden an ihnen. ICH bin euer Gott. Vor Greisengrau steh auf, das Antlitz eines Alten verherrliche: fürchte dich vor deinem Gott. ICH bins. Wenn ein Gastsasse bei dir in eurem Lande gastet, plackt ihn nicht, wie ein Sproß von euch sei euch der Gastsasse, der bei euch gastet, halte lieb ihn, dir gleich, denn Gastsassen wart ihr im Land Ägypten. ICH bin euer Gott. Macht nicht Verfälschung im Gericht, im Maß, im Gewicht, im Gefäß. Wahrhafte Waage, wahrhafte Steine, wahrhafter Scheffel, wahrhafter Krug, so solls euch sein. ICH bin euer Gott, der ich euch führte aus dem Land Ägypten. Wahrt alle meine Satzungen und alle meine Rechtsgeheiße, tut sie. ICH bins.

Die Nachahmung Gottes ist jedoch, wir sagten es schon, nichts anderes als ein Übergang zur wirklichen Form des Gesetzes, zum Partizip. Der Ausdruck «Gesetz» als solcher vermag der Fülle des hebräischen Wortes «Thora» nicht gerecht zu werden; man konnte es nur auf dem Umweg über den griechischen Ausdruck nomos, der in der Septuaginta die Übersetzung von Thora ist, als «Gesetz» interpretieren. Das hebräische thora bedeutet nicht Befehl, sondern Wegweisung; nicht das Gesetz, sondern den Weg, die Straße, auf der man gemeinsam wandern kann.

In Wirklichkeit sind die Forderungen der Thora selten im Imperativ ausgesprochen, sondern fast immer in jener Form der hebräischen Grammatik, die man Imperfekt nennt (was noch nicht vollendet ist), die viel eher den Ton einer Aufforderung als eines Befehls hat und die Gleichheit der Beteiligten in einem Bereich impliziert, der mehr mit Bitten als mit Gehorchen zu schaffen hat.

Bitten – der Ausdruck geht nicht zu weit, wenn man einen Augenblick über die Bedeutung eines Themas nachdenkt, das noch einmal Mosis Thora eine einzigartige Bedeutung verleiht, des Themas von der Liebe zu Gott. So liebe denn IHN deinen Gott mit all deinem Herzen, mit all deiner Seele, mit all deiner Macht. (Deut. 6, 5) Jetzt aber, Jissrael, was heischt ER dein Gott von dir als IHN deinen Gott *zu fürchten, in all seinen Wegen zu gehen, ihn zu lieben, IHM deinem Gott mit all deinem Herzen, mit all deiner Seele zu dienen.* (Deut. 10, 12)

Daß Gott die Menschen liebt, daß er ihr Vater ist, ihr Beschützer und ihr Herr, haben andere Genies des Altertums geahnt, wenn nicht klar ausgedrückt. Aber daß die Menschen aufgefordert werden, Gott zu lieben, wirft die religiöse Struktur der Welt über den Haufen. Es hat den Anschein, als offenbarte Gott in der Thora die Forderung nach Liebe, weil Er das Bedürfnis hat, geliebt zu werden. Dieses Verlangen nach Liebe formt den Bund und verleiht ihm bereits auf dem Berge Sinai seinen zugleich beklemmenden und begeisternden Klang. Von Adam bis Noah, von Noah bis zu den Patriarchen und von den Patriarchen bis zum Sinai war Gott unermüdlich auf der Suche nach den Menschen. Jetzt, am Sinai, hat er sie endgültig gefunden. Gottes Sehnsucht ist erfüllt. Gott hat einen Plan, den er nicht ohne die Menschen verwirklichen will. Er ruft die Menschen auf, mit ihm zusammenzuarbeiten. Die Thora ist nichts anderes als die Darlegung der Anstrengungen, die zu einem gemeinsamen Abenteuer Gottes und der Menschen auf Erden erforderlich sind. Sie ist die Charta des Reiches Gottes auf Erden. *Ihr sollt mein Eigentum sein vor allen Völkern, denn die ganze Erde ist mein. Und ihr sollt mir ein priesterlich Königreich und ein heiliges Volk sein.* (Ex. 19, 5–6)

Ein priesterlich Königreich! Das ist das Schlüsselwort der Thora. Die Menschen haben sich bislang über den Sinn der Welt getäuscht: sie glaubten, sie gehörte ihnen. Nun gehört die Welt aber Gott. Sie haben in der Täuschung gelebt, sie wären die Besitzer ihrer Güter. Nun gehören die Güter aber Gott. Zumindest haben sie gemeint, das menschliche Königtum sei eine geheiligte Autorität. Nun ist aber Gott allein die Autorität, er allein ist König. Der Irrtum wurde in Ägypten erkannt; die Täuschung zerrann; die menschliche Macht brach zusammen. Jetzt heißt es, aus dem Exodus die letzten Konsequenzen zu ziehen und daranzugehen, mit feierlichem Ernst die Welt nach den neuen Angaben wieder aufzubauen, die die Thora verkündet: *Die ganze Erde ist mein. Ihr seid meine Pächter und Gäste. Ich bin der König.*

Die Thora verlangt jedoch nicht, daß die Welt vor Gott zunichte wird, sondern daß sie sich verwandelt, um ihn aufzunehmen; nicht, daß sie auf ihre natürliche Berufung verzichtet, sondern daß sie diese für ihre metaphysische Berufung öffnet. Der Weg, den die Thora vorschreibt, führt nicht von einem Menschenstaat zu einem Gottesstaat, sondern innerhalb der bloßen Grenzen des Lebens von der Isolierung Gottes und der Menschen zu ihrer Gemeinschaft in einem gemeinsamen Staat.

Lange Kapitel der Thora sind diesem Programm gewidmet. Bei oberflächlicher Lektüre wirken sie utopisch. Aber wenn es wirklich Individuen gibt, die bezeugen, daß die «heilige Existenz» des neunzehnten Kapitels Leviticus möglich ist, weshalb sollte dann nicht eine Gesellschaft fähig sein, die von der Thora verkündete «heilige Existenz» zu erfahren? Wie dem auch immer sei, diese Kapitel enthalten einen unverwerflichen Sinn für das Wirkliche. Es wird nicht, wie bei den Asketen oder bei Rousseau, die «Gesellschaft» verworfen, sondern die Institutionen werden neu geordnet, verändert, verbessert. Die Thora kritisiert nicht die Begriffe, sondern die Menschen, und will sie in eine Lage versetzen, in der sie unmöglich Schaden zufügen können und unbedingt helfen oder, um mit der Sprache der Thora zu reden, l o s k a u f e n müssen. Man könnte sogar sagen, ohne der Sprache der Thora untreu zu werden (Deut. 10, 16; Lev. 26, 41), daß sie die *Beschneidung der Herzen* verkündet: geiziger Bauernherzen, gieriger Herrenherzen, grausamer Jägerherzen, Gläubigerherzen und steinerner Herzen des Nächsten. Aber die Verwandlung der Herzen genügt nicht. Die Thora verkündet sogar die *Beschneidung der Institutionen*: der Kult wird durch die Konzentrierung der Opfer an einem Ort reformiert; das Priesteramt durch den Levitismus; das Königtum durch den Messianismus.

Schließlich kündet die Thora noch die *Beschneidung der Zeit*. Ließe man tatsächlich die Zeit in ihrem autonomen Fortgang abrollen, so wäre der Machtzuwachs der einen und der Niedergang der anderen ebenso wie die Zeit selber unumkehrbar und unabänderlich. Die Ökonomie der Sabbat- und Jobelkreise ermöglicht Neubeginn und Ausgleich: L o s k a u f, denn ein und dasselbe hebräische Wort «geulah» steht im fünfundzwanzigsten Kapitel Leviticus für die Begriffe Loskaufung, Freilassung und Wiedergutmachung:

ER redete zu Mosche auf dem Berge Ssinai, sprechend: Rede zu den Söhnen Jissraels, sprich zu ihnen: Wenn ihr in das Land kamt, das ich euch gebe, feiere das Land eine Feier IHM. Sechs Jahre säe dein Feld, sechs Jahre schneide deinen Weinberg und hole seinen Ertrag ein, aber im siebenten Jahr sei Feier, Feiern dem Land, Feier IHM, dein Feld säe nicht, deinen Weinberg schneitle nicht, den Wildwuchs deiner Ernte ernte nicht, die Trauben deiner Weihreben herbste nicht, ein Jahr des Feierns seis dem Land. Und die Feier des Landes sei euch zum Essen: dir und deinem Knecht und deiner Magd und deinem Löhner und deinem Beisassen, die bei dir gasten, und deinem Vieh und dem Getier, das in deinem Land ist, sei all sein Ertrag, zu essen. Zähle dir sieben Feierjahre, sieben Jahre siebenmal: so sind dir die Tage der sieben Feierjahrkreise neun und vierzig Jahre. Dann laß Geschmetters Posaune ergehn, in der siebenten Mondneuung, am Zehnten auf die Neuung, am Tag der Bedeckungen laßt Posaune ergehn durch all euer Land und heiligt das Jahr, das Fünfzigerjahr, ausrufet Freilaß im Land all seinen Insassen: Heimholer sei es euch, da kehrt ihr zurück jeder zu seiner Hufe, jeder zu seiner Sippe sollt zurück ihr kehren. Heimholer sei es, das Jahr, das Fünfzigerjahr, für euch, nicht sollt ihr säen, nicht einernten seine Wildwüchse, nicht einherbsten seine Verweihten, denn Heimholer ists, Verheiligung sei es euch, vom Feld weg sollt seinen Ertrag ihr essen. In diesem Heimholerjahr kehrt ihr zurück, jeder zu seiner Hufe. Wenn ihr ein Verkaufsgut deinem Volksgesellen verkauft oder beim Erwerben aus der Hand deines Gesellen placket nimmer ein Mann seinen Bruder; nach der Zahl der Jahre seit dem Heimholer sollst du von deinem Gesellen erwerben, nach der Zahl der Ertragsjahre soll er dir verkaufen, entsprechend der Vielheit der Jahre vervielfache seinen Erwerbspreis, entsprechend der Geringheit der Jahre verringre seinen Erwerbspreis, denn eine Anzahl von Erträgen verkauft er dir. So plackt nicht ein Mann seinen Gesellen: fürchte dich vor deinem Gott, denn ICH bin euer Gott. Tut meine Satzungen und meine Rechtsgeheiße wahren, tut sie, so werdet ihr über das Land hin siedeln in Sicherheit ... Nicht werde das Land in die Dauer verkauft, denn mein ist das Land, denn Gäste und Beisassen seid ihr bei mir. In allem Land eurer Hufe gebet Einlösung für das Land. Wenn dein Bruder herabsinkt und verkauft von seiner Hufe, komme sein Löser, der ihm der nächste ist, und löse den Verkauf seines Bruders. Wenn jemand keinen Löser hat, aber seine eigne Hand reicht zu, und er findet genug zu seiner Einlösung, berechne er die Jahre seines Verkaufs, rückstatte er das Überschüssige dem Mann, dem ers verkaufte, rückkehre er zu seiner Hufe. Findet aber seine Hand nicht genug zur Rückstattung, bleibe sein Verkauf in der Hand seines Erwerbers bis zum Heimholerjahr, im Heimholer geht es aus, rückkehrt er zu seiner Hufe ... Wenn dein Bruder herabsinkt, und seine Hand wankt neben dir, fest halte ihn, Gast und Beisaß, so lebe er neben dir! Du darfst von ihm nimmer Zins und Mehrung nehmen, fürchte dich vor deinem Gott, leben soll dein Bruder neben dir. Dein Geld gib ihm nicht um Zins, um Mehrung gib nicht deine Speise: Ich bin euer Gott, der ich euch führte aus dem Land Ägypten, euch zu geben das Land Kanaan, euch Gott zu sein. (Lev. Kap. 25)

Am Ende von je sieben Jahren sollst du Ablockerung machen. Dies ist die Sache der Ablockerung: Ablockern soll jeder Schuldherr den Borg seiner Hand, den er seinem Genossen borgte: nicht mehr darf er eintreiben bei seinem Genossen, seinem Bruder, denn ausgerufen hat man Ablockerung IHM ... Wahre dich! leicht möchte in deinem Herzen Rede aufkommen, Ruchlosigkeit, ein Sprechen: Das Siebenerjahr, das Jahr der Ablockerung naht, und erbosen möchte sich dein Auge gegen deinen dürftigen Bruder, daß du ihm nichts gebest und er über dich zu IHM rufe und Sünde an dir sei! Geben sollst, geben du ihm, und nicht erbose sich dein Herz, wenn du ihm gibst ... (Deut. 15, 1–2; 9–10)

Moses weiß genau, daß dieser Plan viel Geduld und Willenskraft erfordert; er fürchtet die Versuchungen des Landes, der Macht und des Stolzes. Nichtsdestoweniger wird in der Wüste, am Fuße des Sinai, als wollte man den Gedanken an die Möglichkeit seiner Verwirklichung betonen, das Lager Israels wie ein kleiner Gottesstaat aufgebaut. Im Zelt der Begegnung wohnt Gott inmitten seiner Verbündeten, die keinen anderen Herren haben als ihn. Die Anordnung des Lagers wird bis ins Einzelne beschrieben; ist es nicht das Vorbild der Stadt Gottes, in der das Volk jetzt unterwiesen wird?

Da erhebt sich ein unvorhergesehenes Hindernis. Bevor, ja lange bevor man das Land mit seiner Verführungskraft erreicht, wird der Gottesstaat erschüttert und läuft Gefahr, bei der dramatischen Wüstenkrise unterzugehen.

DIE WÜSTE ODER DER BUND

«Moses und die Wüste» – das wird so schnell und leichtfertig hingeworfen wie «Moses und Ägypten». Um dieses Thema möglichst genau zu fassen und seinen wahren Inhalt herauszuschälen, dürfte folgende einfache Feststellung von Nutzen sein: Es gibt nicht nur e i n e Wüste im Leben Mosis, es hat deren zwei gegeben. Geographisch gesehen handelt es sich um dieselbe Halbinsel, deren Rückgrat das Sinaigebirge ist und die von den beiden Armen des Roten Meeres eingeschlossen wird. Aber in diesen dürren Steppen, an den seltenen Oasen und in den sonnenverbrannten Landschaften, hatte Moses zwei grundverschiedene Erfahrungen. Die eine zwischen der Ermordung des Ägypters und seiner Rückkehr nach Ägypten. Die andere später, nach dem Exodus, als er Israel nach Kanaan führte. Die beiden Perioden dauerten beinahe gleich lange; jede etwa vierzig Jah-

Moses bringt das Gesetz (Abraham Krol)

re. Und die radikale Verschiedenheit der beiden Erfahrungen wird durch diese Ähnlichkeit von Zeit und Raum unterstrichen. Hier scheinen alle Bedingungen verwirklicht zu sein, daß an einem und demselben Ort in einem Abstand von nur wenigen Monaten derselbe Mensch in derselben Frist dieselbe Daseinsphase durchlebt. Und dennoch verblassen die Gemeinsamkeiten vor den unauflöslichen Besonderheiten zweier Existenzen, deren jede der Wüste einen anderen Sinn gibt, ohne sie zu verleugnen.

Nach der Ermordung des Ägypters öffnete sich die Wüste vor Moses allein. In einer Oase Midians trifft Moses einen guten und klugen Menschen; er heiratet seine Tochter, und sie schenkt ihm zwei Kinder. Aber dieses alles wirkt blaß und flüchtig. Bei seiner Rückkehr nach Ägypten ist Moses wieder allein, er reitet auf einem Esel. Ein freiwilliges und gesuchtes Alleinsein. Denn Moses flieht nicht nur deshalb aus Ägypten, weil er verfolgt wird, die Wüste öffnet sich vor ihm nicht lediglich wie ein Asyl oder eine Zufluchtstätte vor einem Geächteten. Die Wüste nimmt einen Verratenen auf, verraten von Ägypten, dessen Ungerechtigkeit sein Bewußtsein erschüttert; verraten von seinen Brüdern, deren Schwachheit ihn verzweifeln läßt und die damit drohen, ihn zu denunzieren. Als Moses aus Ägypten flieht, hat er mit der Kultur gebrochen. Er sucht der Maschinerie zu entkommen, die aus dem Menschen ein Rädchen macht und damals in Ägypten unerbittlich präzise funktionierte. Die Wüste ruft ihn, ein Ort der Einsamkeit, des Schweigens, des Vergessens, ein geheiligter Raum, die letzte Zuflucht der Natur, wo die Früchte mager sind, jedoch den Hunger stillen; die Quellen selten sind, jedoch den Durst löschen. Je tiefer Moses mit seinen Herden in die Wüste eindringt, desto ruhiger wird sein verstörtes Gewissen. Bald lebt er im Verzicht, in einer Art Askese und selbstgenügsamer Einsamkeit.

Jean Steinmann hat gezeigt, daß gerade so die Situation aussieht, in der die großen Ouvertüren des Geistes stattfinden können.[1] Indem der Eremit in der Wüste verarmt, bereitet er innere Ernten vor; indem er sich isoliert, bereitet er Begegnungen vor. In der Wüste wird Moses fähig, berufen zu werden. In demselben Augenblick, in dem der Dornbusch zu brennen beginnt, wird alles klar: die Wüste hat ihre Aufgabe erfüllt. Aus einem Menschen hat sie einen Berufenen, aus dem Selbstgespräch eines Hirten einen mystischen Dialog gemacht. Wahrscheinlich bringt Moses, während er mit Gott spricht, seine Überraschung, seine Unvorbereitetheit, seine Ängste zum Ausdruck. Was aber macht das aus? Die Wüste hat diesen Mann verwandelt, sie hat in ihm Leere und Stille geschaffen. Sie hat ihn reichlich mit geistlicher Fülle, mit Wort und Gebet bedacht. Die Welt der

---

1 Jean Steinmann: «Johannes der Täufer». Hamburg (Rowohlt) 1960 (rowohlts monographien 39)

Am Rande der Wüste Sinai

Die «mystische» Wüste Sinai

Menschen hatte sein Sein verraten, die Wüste erfüllt es mit
der Welt des Geistes. Hier enden die Möglichkeiten der Wüste.
Gott sendet Moses aus der Wüste in die Welt der Menschen
zurück. Die Wüste hat in ihren raumzeitlichen Grenzen ein
mystisches Abenteuer entstehen lassen, und dieses ist in den
langen Jahren, in denen Moses sie allein durchstreift, ihr Sinn:
sie führte den Menschen langsam und unhörbar zum Ruf, zum
Gegenüber.

Aber nach dem Exodus, in jenen langen Jahren, in denen
Moses die Wüste noch einmal durchstreift, bekommt sie einen
anderen Sinn. Jetzt birgt sie eine eindrucksvolle Menschen-
menge, ein Volk, das Moses zum Führer hat und das er nach
den Prinzipien einer Verfassung aufbauen will, die sein politisches, soziales, religiöses und wirtschaftliches Leben reguliert.
Er möchte aus diesem nomadischen Volk eine wirkliche Stadt
mit Beamten, Priestern, Handwerkern, Holzhackern und Was-
serträgern machen, möchte seine Stämme um die Bundeslade
und den transportablen Tempel scharen. Aber man kann die
Stadt Israel nicht ohne Krisen erbauen. Die Gesellschaft lebt in
schmerzlicher Erwartung und fragt sich unerbittlich nach ihren
Elementen, ihren Fundamenten, nach den eigentlichen Prinzipien ihrer Existenz. Zunächst wird mit einer unermüdlichen

Beharrlichkeit die Frage nach dem Führer gestellt; das Volk erhebt sich gegen ihn, als er zu nachgiebig oder zu autoritär ist; es ersetzt ihn durch einen anderen, als er bei seinen fernen Gebeten säumt. In einer wirren Folge zeigen sich autokratische, oligarchische, demokratische und anarchistische Tendenzen. Darauf wird die Wegrichtung der Expedition in Frage gestellt: Säumigkeit und Hast lösen einander ab; bald macht das Volk kehrt, bald stürzt es sich hartnäckig auf ein Gebiet, in dem eine Niederlage es erwartet. Und zwischen diesen beiden Möglichkeiten findet man alle Nuancen einer Existenz auf dem Wege: Kriege, Meutereien, schwere Blutbäder und jubelnde Erhebungen. Moses gerät ins Kielwasser dieses Lebens. Keine Einsamkeit mehr in dieser Wüste, son-

Das Gewitter auf dem Berg Sinai

dern eine aufreibende gesellschaftliche Aufgabe, eine pausenlose Tätigkeit, ein dauerndes Gegenwärtigsein in einer gärenden Masse. Hier zeigt sich eine ganz andere Wüste, sie bietet eine radikal andere Aufgabe als die Wüste, die Jean Steinmann im Anschluß an Johannes den Täufer mit Moses verbindet. Dieser Wüste ist der Pulsschlag eines geschichtlichen Lebens eingeprägt, ein halbes Jahrhundert kollektiven Wachstums mit seinen Nöten, Ängsten, Entwicklungen, Verwandlungen, Erfüllungen und Mißerfolgen. Nicht eine Wüste innerlicher Spiritualität, sondern eine Wüste der Projektion einer konkreten und lebendigen Geschichte nach außen.

Gegensätzliche, jedoch einander nicht ausschließende Bilder ein und derselben Wüste. Im Gegenteil, gerade in ihrem Nebeneinander erscheint uns Mosis «Wüste» in ihrem wirklichen Wesen. Denn diese Wüste ist genau der paradoxe Schauplatz eines einzigartigen Erlebnisses: des Bundes, dem Gott und Mensch vereint einen unauflöslich zweifachen Charakter verleihen, der gleichzeitig geistig und fleischlich, mystisch und historisch ist.

In der Tat ist Moses die Mystik der Wüste nicht nur in der Einsamkeit vorbehalten. Das ganze Volk in seiner sozialen und psychologischen Mannigfaltigkeit wird zum Gegenstand einer außerordentlichen mystischen Erfahrung. Nach dem ursprünglichen Plan sollte die Wüste nur dies sein: nicht ein Weg, sondern der Ort eines mystischen Augenblicks. Gott hatte zu Moses gesprochen: «Ihr werdet mir dienen!», hier in der Wüste. Und Moses hatte es vor dem Pharao wiederholt: «Drei Tage in die Wüste gehen, um Gott zu dienen!» Gott und Moses hatten es eilig, einander wiederzusehen, einander wieder zu hören und das ganze Volk an ihrem Dialog, an ihrer Begegnung teilhaben zu lassen. Der «Dienst in der Wüste» war Wirklichkeit geworden. Die mystische Begegnung ähnelt, abgesehen von dem größeren Maßstab, den die Menge der Teilnehmer erforderlich macht, durchaus der früheren Begegnung am brennenden Dornbusch. Der Rahmen ist derselbe, die Sinaiwüste, aber statt eines Dornbusches brennt der ganze Berg; statt eines einzigen Mannes vernimmt nun eine ganze Menge von Menschen die Stimme. Ursprünglich sollte der Schwerpunkt des Wüstenabenteuers bei diesem erhabenen Augenblick liegen, in dem Gott und die Menschen einander begegneten. Alles Übrige war nebensächlich. Die Wüste sollte rasch durchwandert werden. Der Plan sah elf Reisetage vor, gerade die Zeit, die man brauchte, wenn man ohne Aufenthalt vorankam. Das Ziel war klar: das kultivierte Land Kanaan. Man verließ das zivilisierte Land Ägypten, um so schnell wie möglich in ein anderes zu kommen. Um von dem einen zu dem anderen zu gelangen, mußte man nicht unbedingt durch die Wüste, und der biblische Text deutet an, die Wanderung hätte längs der Küste gehen und die Wüste vermeiden können. Doch mußte man einige Tage lang ein wenig in die Wüste eindringen, damit sich am Sinai die Begegnung Gottes und der Menschen vollziehen konnte. Ein feierlicher Augenblick, der die ganze Reise mit einem geistlichen Licht überstrahlt. Man nährt sich von dem Manna, das jeden Tag vom Himmel fällt. Feuer- und Wolkensäulen legen die Etappen fest und umreißen zugleich die Grenzen des Wüstengeheges, in dem ein paar Tage zu leben das Volk berufen ist. Gott wohnt inmitten des Volkes: die Bundeslade ist der Ort der mystischen Begegnung und der Mittelpunkt dieser Gemeinschaft einiger tausend Eremiten und Propheten.

Eremiten? Das Wort ist zweideutig. Hier muß man feststellen, daß die mystische Einsamkeit am Sinai die Bande zwischen Israel und der übrigen Welt nicht zerriß, sondern mit einem einzigartigen Licht überstrahlte. In Übereinstimmung mit der Berufung, die der Offenbarung des Dekaloges bereits vorausgegangen war, entstand ein Gottesreich von universalen Ausmaßen: *denn die ganze Erde ist Mein.* (Ex. 19, 5) Und in der Tat, man sieht, wie sich die unmittelbaren Nachbarvölker im kleinen Universum des Mittleren Ostens wie Strahlen um einen Mittelpunkt um Israel scharen. Sie alle gehören dem Herrn, aber der Sinn ihres Gehörens klärt sich erst durch die zentrale Berufung der Stadt Israel. Infolge der Existenz dieser Stadt inmitten aller anderen kommt die Geographie des Mittleren Ostens in einer weltlichen Terminologie nicht mehr zum Ausdruck. Es entsteht eine Theopolitik, die neben Israel Ägypten, Kanaan, Amalek, Edom, Moab, Ammon, Midian, Philisterland und Phönizien in einen moralischen Zusammenhang bringt. Kriterien von Macht und Niedergang sind nicht mehr physische Kraft oder Schwäche, sondern Tugend oder Verderbnis. Hier trifft man, freilich in einem internationalen Maßstab, wieder auf den Begriff der göttlichen Gerechtigkeit, und er ist ebenso schrecklich und anspruchsvoll wie in der Charta der Stadt Israel allein. Und man errät, daß Gottes Wachsamkeit vom Zentrum ausgeht: die Begegnung Gottes mit einem einzigen Volk gestattet Gott, ihnen allen zu begegnen.

Das Kehrbild des mystischen Erlebnisses ist die physische Seite der Wüste. Alles erweckt den Eindruck, als entschiede sich das hebräische Volk für das genaue Gegenteil seiner mystischen Berufung. Die Säulen umschreiben die Grenzen seines Lagers: sie werden in Frage gestellt. Das Volk will weiter oder zurück, es will den göttlichen Weg verlassen und wieder auf menschlichen Straßen gehen, gleichgültig, ob sie in die Freiheit oder in die Knechtschaft führen. Das Brot Gottes wird ihm angeboten: diese Gabe, die Eremiten erfreut und gesättigt hätte, erscheint den Hungerleidern aus Ägypten mager und beleidigend. Diese Menschen haben einen tiefen seelischen Hunger und Durst. Sie brauchen Brot, Fleisch, Gemüse, frisches Wasser und feste Nahrung mit ihrer Substanz, ihren Gewürzen, ihrem Geschmack und ihrem Gewicht. Die wunderbare Infrastruktur wird ständig verachtet und mit Füßen getreten. Genauso der sittliche Einsatz. Die Nachbarvölker werden von den Hebräern nur nach äußeren und unmittelbaren Merkmalen beurteilt: weil sie stark sind, fürchtet man sie; obwohl sie stark sind, fordert man sie heraus; weil ihre Sitten verführerisch sind, gesellt man sich zu ihren Ausschweifungen. Die strenge Theopolitik sinkt zu einem Komplex aus Panik, Phrase und

Parodie herab; sogar der mystische Augenblick am Sinai, die Zwiesprache mit Gott, wird ins Groteske verzerrt. Der metaphysischen Offenbarung folgt der Tanz ums Goldene Kalb.

Der wahre Sinn des Bundes besteht in folgendem: die mystische Seite und die physische Kehrseite schließen einander nicht aus. Sie bilden zusammen die e i n e Geschichte der Wüste. Gott läßt von diesen Menschen nicht ab. Er zieht sich nicht entrüstet von ihnen zurück und vernichtet sie nicht. Der Streit zwischen Himmel und Erde bleibt bestehen und ist durchdringbar. Gott hat seinen Plan nicht ein für allemal entworfen; er setzt nicht gänzlich auf das Gelingen des mystischen Abenteuers. Er nimmt die Herausforderung des Volkes an, nimmt seinen Ungehorsam zur Kenntnis, den er manchmal vorausahnt; er bessert, verändert, verkehrt seinen Plan, verzichtet auf die mystische Berufung und ist bereit, das Spiel auf dem Niveau der Geschichte zu spielen. Über das taubenetzte Manna streut er Fleisch, den Lässigen sendet er Krieg, den Stolzen die Niederlage. Manchmal denkt er zwar daran, diesen ganzen Widerstand fleischlicher Menschen auszutilgen, das ganze Volk zu vernichten und mit Moses allein ein neues, ausschließlich mystisches und übernatürliches Abenteuer zu beginnen. Aber letzten Endes siegt Gottes h i s t o r i s c h e r Wille, und er geht mit d i e s e m Volk bis ans Ende und ist sogar bereit, fast seinen ganzen ursprünglichen Plan um seinetwillen aufzugeben: nicht elf Tage, sondern vierzig Jahre Wanderschaft – Zeit genug, daß eine Generation dahingeht und eine neue geboren wird. Kein wunderbarer Tod und keine wunderbare Geburt: die Generation des Exodus stirbt nicht an einem einzigen Tag, und die der Eroberer Kanaans kommt nicht am nächsten Tag auf einmal zur Welt. Das «Wunder» eines plötzlichen kollektiven Sterbens und einer sofortigen Neugeburt hätte geschehen können. Aber auch hier sorgte Gott für die historische Kontinuität und Gleichzeitigkeit der früheren Menschen, die altern, und der neuen Menschen, die größer werden. Die Männer, die in der Wüste sterben, verschwinden nicht vor den Augen der Lebenden: sie führen sie während einer unterschiedlich langen, aber wirklichen Zeit bis an die Grenzen der Verheißung.

Von allen Männern, die in der Wüste sterben, führt Moses die Lebenden am längsten und am weitesten. Man kann sich die Bedeutung seiner Rolle in dieser Wüste vorstellen, in welcher der Bund geschmiedet wird. Gott nimmt die Menschen ernst. Trotz ihrer Unvollkommenheiten, ihres Scheiterns, ihrer Risse und ihrer Tode hat die menschliche Geschichte einen Sinn. Gottes Ernst entspricht nur Moses, und er verkündet den Sinn der Wüstengeschichte so deutlich wie Gott.

Moses als Mittelsmann zwischen Gott und den Menschen bleibt frei in seiner Wahl. Aber in kritischen Stunden entscheidet er sich mit Gott für die Erhaltung des Bundes. Nicht nur aus Liebe zu diesem hebräischen Volk, an das er sich gebunden hat. Gewiß hat Moses psychologisch etwas vom «guten Hirten», vom Künstler, der stolz ist auf sein Werk, der es schützt und verteidigt, selbst wenn es häßlich ausfällt. Aber dieser Mutterinstinkt wird manchmal schwach, und dann muß Gott ihn beleben: *Bin mit all diesem Volk ich selber schwanger gewesen, oder habe ich selber es gezeugt, daß du zu mir sprichst: Trags an deinem Busen, wie der Wärter den Säugling trägt?* (Num. 11,12) Er weiß auch intuitiv um den pädagogischen Wert der Wüste, um die Lektion, die dieses Muster-Ereignis birgt: *Gedenke all des Wegs, den ER dein Gott in der Wüste dich gehen machte diese vierzig Jahre, damit er dich beuge, dich zu erproben, zu erkennen, was in deinem Herzen ist, ob du seine Gebote wahren wirst, ob nicht. Er beugte dich, er hungerte dich ab, und er ließ dich das Manna essen, das du nicht kanntest, das deine Väter nicht kannten, damit er dir zu kennen gebe: nicht vom Brot allein lebt der Mensch, nein, von jeglichem, was aus Seinem Munde fährt, lebt der Mensch. Dein Tuch mürbte nicht von dir ab, dein Fuß schwoll nicht an diese vierzig Jahre – erkenns in deinem Herzen: nur wie ein Mann seinen Sohn züchtigt, züchtigt dich ER dein Gott.* (Deut. 8, 2–5)

Aber jenseits dieses gefühlsbetonten und pädagogischen Verständnisses für die Wüste findet sich bei Moses die irrationale Annahme eines Risikos. Er empfindet das Endgültige des Wüstenabenteuers. Der Dialog, der hier anhebt, läßt sich nicht mehr unterbrechen: *Dem Herrn hast du heute zugesagt, daß er dein Gott sei ... und der Herr hat dir heute zugesagt, daß du sein eigen Volk sein sollst.* (Deut. 26,17–18) Das Ereignis in der Wüste ist nicht in die Zeiten geschrieben wie eine ergreifende, aber abgeschlossene Erinnerung oder wie eine Quelle für den Religionsunterricht, sondern wie der Hochzeitstag ins Leben eines Ehepaars. Es ist ernst, entscheidend, prophetisch. Der Weg des Volkes durch die Wüste führt weiter. Das Land Kanaan ist nicht allein das Ziel d i e s e r Wüste, sondern das Ziel aller Wüsten in einer Geschichte, die immer auf es gerichtet bleibt.

I m m e r. Dieser Ausdruck, das Leitmotiv des Pentateuch, das Zeichen für die Ewigkeit des Gesetzes und auch des Bundes, hat im Hebräischen gleichzeitig eine räumliche und zeitliche Bedeutung. Es stellt das Gesetz und den Bund an alle Orte und in alle Zeiten, und seine wörtlichste Exegese gibt Moses selbst: *Aber nicht mit euch allein schließe ich diesen Bund und diesen Droheid, nein: mit dem, der hier anwesend ist, uns gesellt heute stehend vor SEINEM unsres Gottes Antlitz, und mit dem, der nicht hier mit uns heute ist.* (Deut. 29,13–14)

Und in der Tat beschreibt Moses, während die Türen der Zeit und des Raumes weit aufgetan sind, in einigen Schlüsselkapiteln des Pentateuch (Lev. 26; Deut. 28, 29, 30 und 32) den prophetischen Sinn der Wüste; sie sind zu lang, als daß man sie hier zitieren könnte, wenn man sie aber nicht in sich aufnimmt, hat man den Pentateuch nur halb gelesen.

Nun sind die Dimensionen universal: die neuen «Zerstreuungen» reichen *von einem Ende der Welt bis ans andere* (Deut. 28, 64); die neue Heimkehr geht von a l l e n V ö l k e r n aus (Deut. 30, 3). Während der ersten Wüstenzeit betraf die Theopolitik allein die Völker des Mittleren Ostens. Jetzt werden alle Völker zwischen Himmel und Erde (Deut. 32, 1, 43), ob sie bei Mosis heute gegenwärtig waren oder nicht, in die Geschichte aufgenommen.

Und im Mittelpunkt dieses geschichtlichen Universums steht e i n Volk (Deut. 32, 43), und zwar gerade das, welches im Mittelpunkt des Wüstenabenteuers stand: das jüdische Volk; seine erstaunliche Unvergänglichkeit wird in diesen Kapiteln mit einem Realismus angekündigt, dessen Geheimnis die Jahrhunderte noch undurchdringlicher machen:

Werdet ihr in meinen Satzungen gehen, meine Gebote wahren und sie tun ... so ergehe ich mich in eurer Mitte und bin euch Gott und ihr seid mir Volk ... Werdet ihr aber nicht auf mich hören, alle diese Gebote nicht tun, werdet ihr meine Satzungen mißachten, wird eure Seele meine Rechtsgeheiße abschleudern, daß ungetan bleiben alle meine Gebote, daß mein Bund von euch zersprengt wird ... so will ich euch streuen unter die Erdstämme und zücke hinter euch ein Schwert. Wird so euer Land Verstummung und Ödnis werden eure Städte, dann schatzt das Land seine Feierjahre nach, nach alle Tage seines Verstummens, da ihr im Land eurer Feinde seid, dann feiert das Land, es schatzt seine Feiern ein ... Und die Restgebliebenen von euch, in ihr Herz bringe ich Weichmut im Land ihrer Feinde, verwehten Blatts Geräusch verfolgt sie, sie fliehn wie auf Schwertesflucht, sie fallen, da keiner verfolgt ... unter den Erdstämmen schwindet ihr, das Land eurer Feinde frißt euch ... Wenn dann ihr Herz, das vorhautige, sich unterwirft, wie sie dann nachschatzen für ihre Verfehlung, will ich gedenken meines Jakobbunds, und auch meines Jizchakbunds, und auch meines Abrahambunds will ich gedenken, und des Landes will ich gedenken ... Sogar auch da, während sie im Land ihrer Feinde waren, habe ich sie so nicht mißachtet, habe ich sie so nicht abgeschleudert, sie zu vernichten, meinen Bund mit ihnen zu zersprengen, denn ICH bin ihr Gott. So will ich ihnen den Bund der Vordern gedenken, ihrer die ich aus dem Lande Ägypten führte vor den Augen der Erdstämme, ihnen Gott zu sein, ICH. (Lev. 26)

Während alle Nationen zum jüdischen Volke blicken, weiß dieses, daß in Wirklichkeit auch Gott es sieht. Aber umgekehrt hat Moses, indem er den Bund im Grunde der Geschichte Wurzeln schlagen ließ, die universale Berufung des jüdischen Volkes in Gottes Gedächtnis eingegraben.

DIE JÜDISCHE BERUFUNG

Und es stand hinfort kein Prophet in Israel auf wie Moses, den der Herr erkannt hatte von Angesicht zu Angesicht.

(Deut. 34, 10)

Moses wurde am Sinai in die Thora eingeweiht. Er gab sie an Josua weiter, Josua an die Ältesten, die Ältesten an die Propheten, und die Propheten gaben sie an die Männer der Großen Synagoge weiter.

(Talmud, Mischna Abot, Beginn)

Höre, Israel, der Herr, unser Gott, ist ein einiger Herr. Und du sollst den Herrn, deinen Gott, liebhaben von ganzem Herzen, von ganzer Seele, von allem Vermögen. Und diese Worte, die ich dir heute gebiete, sollst du zu Herzen nehmen. Und sollst sie deinen Kindern einschärfen und davon reden, wenn du in deinem Hause sitzest oder auf dem Wege gehst, wenn du dich niederlegst oder aufstehst. Und sollst sie binden zum Zeichen auf deine Hand und sollen dir ein Denkmal vor deinen Augen sein; und sollst sie über deines Hauses Pfosten schreiben und an die Tore! ... So hüte dich, daß du nicht des Herrn vergessest, der dich aus Ägyptenland, aus dem Diensthaus geführt hat ... Ich bin der Herr, dein Gott.

Für alle Zeiten bleibt dieses Wort für uns
    wahr und beständig
    fest und ewig
    gerecht und treu
    liebenswert und geliebt
    wünschenswert und wohlklingend
    fürchterlich und erhaben
    vollendet und überliefert
    gut und schön.

    Auf ewig
für die Welten aller Welten
    für unsere Väter
    und für uns
    und für unsere Kinder
    und für unsere Nachkommen
    und für alle Nachkommen
    vom Samen Israels
    deine Knechte

für die ersten und für die letzten
    gutes, ewig währendes Wort
    unwiderrufliche Wahrheit, Glaube, Gesetz.

Dein Wohnsitz ist in den Tiefen des Weltalls
deine Gerechtigkeit und deine Güte dringen in jeden Winkel der Erde.
Aus Ägypten hast du uns errettet, ewiger, unser Gott.
Aus dem Diensthaus uns erlöst ...
König, Lebender, Ewiger, Höchster, Großer, Schrecklicher Gott,
der die Stolzen erniedrigt,
die Geringen erhebt,
die Gefangenen befreit,
die Gedemütigten erlöst,
den Armen hilft

> *und der seinem Volk antwortet*
> *zur Stunde, da es Ihn ruft.*

Gepriesen sei der Herr
gesegnet sei Er, gesegnet sei Er

Moses und die Kinder Israels
antworten dir
mit einem Lobgesang
in tiefster Seligkeit.
  (Tagesliturgie der Synagoge, Erläuterungen zu Deut. 6, 4–9 und
                                                              Ex. 15)

Ich glaube unumschränkt daran, daß die Prophezeiung unseres Leh-
rers Moses Wahrheit ist und daß Er der Vater der Propheten ist,
die Ihm vorangehen und die Ihm folgen. Ich glaube unumschränkt
daran, daß die ganze Thora, welche wir heute in Händen halten,
dieselbe ist, die Moses, unserem Lehrer, gegeben wurde. Ich glaube
unumschränkt daran, daß diese Thora nicht abgeändert wird und
keine andere Thora vom Schöpfer offenbart wird, gesegnet sei sein
Name.
  (7., 8. und 9. Grundsatz des jüdischen Glaubens, festgelegt von
                                      Maimonides, 1135–1204)

Mein Freund ist mein und ich bin sein, der unter den Rosen wei-
det. – Diese Anrufung aus dem Hohen Lied richtet Israel an Moses,
der wie der ewig getreue Hirte sein Volk durch Rosen und auch durch
Dornen begleitet.
                          (Sohar, Mystische Exegese zu Ex. 3, 1)

Tritt vor und nenne deinen Namen. – Meinen Namen? Ist es auch
nicht meines Vaters Name, ich heiße Jude, und das bedeutet: der das
Lob spricht, der unabänderlich das Sein, den Einzigen, den Ewigen
preist. – Dein Alter? – Mein Alter? Zweitausend Jahre älter als Jesus
Christus. – Dein Beruf? – Die traurigen Berufe, in die man mich
trieb, lasse ich aus. Mein überlieferter Beruf ist dies: Ich garantiere
die heilige Unverjährbarkeit des Namens des Gesetzes, ich bin der

Seder (Nürnberger Haggada)

lebende Bewahrer des alten Adels und der Legitimität, die nach gött-
lichem Rechte am Namen, dem Eigennamen des Volkes, haftet.
(Joseph Salvador [1796–1873]: «Das Gesetz Mosis»)

Die letzten Verse des Pentateuch sind für alle Zeiten eine Warnung
vor dem vermessenen Versuch, gleichzeitig Moses seine Botschaft und
Israel seine Berufung zu rauben.
(Samson Raphael Hirsch [1808–1883]: Kommentar zum Pentateuch, Schluß)

In jeder Generation des jüdischen Volkes gibt es ein Erwachen Mosis.
(Achad Haam [1856–1927]: «Moses»)

Ineinander verschlungen, unlösbar und auf ewige Zeiten ineinander verschlungen, schreiten Moses und das jüdische Volk durch die
Geschichte. Die vorgelegten Texte wirken nicht allein durch ihre die

Zeiten überdauernde Kontinuität, sondern auch durch die Verschiedenheit ihrer Inspiration. Das geschriebene Gesetz, das mündliche Gesetz, die Liturgie, die dogmatische Theologie, der mystische Sinn sowie das säkularisierte, religiöse oder zionistische Denken unserer Zeit stimmen in ihrem beredten Zeugnis überein.

Dies aber sind nur einzelne Ähren, während die Ernte noch auf dem Halme steht. Wir wollen uns bemühen, bis hin zum Keim die Reifeprozesse zurückzuverfolgen, die uns auch diese wenigen Früchte schenkten. Wir können sie durchaus nicht ganz beschreiben, aber wir wollen zumindest versuchen, auf die bedeutendsten hinzuweisen: auf die, deren Wurzeln zum Kern des mosaischen Werkes führen, zum Passahereignis des Exodus, der Offenbarung des Gesetzes und dem Wüstenbund. Ihre Entfaltung im Laufe der Jahrhunderte verkündet die menschliche Sendung, die kosmische Treue und die messianische Einsamkeit des jüdischen Volkes.

Der Exodus oder Die menschliche Sendung

Eine feine Nuance in der französischen Sprache unterscheidet das christliche Osterfest (les pâques) von dem jüdischen (la pâque juive). Für den Linguisten ist der Unterschied unbedeutend, da er neuerer Ursprungs ist; noch im Mittelalter gingen die beiden Ausdrücke ineinander über, und in jedem Falle sind sie aus einer gemeinsamen Wurzel abgeleitet. In Anlehnung an das griechische pascha ist pâque wie pâques eine phonetische Transkription des hebräischen Pesach, das in Mosis Thora die Nacht des Exodus und die daran von Geschlecht zu Geschlecht erinnernde Feier bezeichnet. Der Theologe jedoch kann keineswegs zugestehen, daß bloße Willkür zur Differenzierung der Ausdrücke führte. Er sieht darin vielmehr die Auswirkung einer tiefen Realität und das Zeichen für eine geistige Situation. Dieser Plural und dieser Singular spiegeln eine bedeutsame historische Wahrheit.

In der Tat ist ja die christliche wie die jüdische Spiritualität in ihren Wurzeln «passahlich». Sie sind es auch durch den Saft, der von der Wurzel aus ihre geistigen Organismen tränkt und ihre Blüten und Früchte hervorbringt. Durch einen Passah-Saft, dessen Geschmack infolge der Gegenwart von Juden und Christen die ganze westliche Kultur durchdrungen hat. Und man könnte sogar bis zu einem bestimmten Grade zeigen, daß die Werte, denen sich der Westen am meisten verbunden weiß – Freiheit, Erlösung und Auferstehung –, passahliche Werte sind. Aber während das Grunderlebnis der jüdisch-christlichen Passahspiritualität unbestreitbar die Nacht des Exodus ist, hat das Christentum dieses Erlebnis verwandelt und das Passah vervielfältigt, während das Judentum das ursprüngliche Erlebnis mit seinem einmaligen Inhalt bewahrt hat. Die Beschlüsse des Konzils von Nizäa sind dafür symptomatisch. Damals wollte die christliche Kirche endgültig ihre Eigenständigkeit umreißen, und ihr

Mittelalterlicher Seder (Haggada von Sarajewo)

bewußter Bruch mit dem Judentum zeigt sich gerade in der Verschiebung des Osterdatums. Der Name bleibt, das Fest jedoch ist nicht mehr an den Frühjahrsvollmond gebunden, der einst Israel aus Ägypten ziehen sah, sondern mit dem Sonntag der Auferstehung Jesu, diesem Sonntag, der im heiligen Kalender an die Stelle des Sabbats tritt. So wird der ganze biblische Heilsplan verändert: mit der ursprünglichen Bedeutung des Passah verbindet sich eine andere, die die frühere aufsaugt und in sich einverleibt wie eine Einzelnote in einen polyphonen Akkord. Hier hat der ewige Streit zwischen Christentum und Judentum seine Wurzeln: Die christliche Botschaft verkünden die Osterglocken – das Judentum wahrt dem ursprünglichen Passahklang seinen absoluten Vorrang.

Dem mosaischen Passah, dem sich das Judentum in wesentlicher Treue verbunden weiß, in einer Treue, die sich freilich nicht ohne Mühe behaupten konnte. David Jassine zeigt in einer Analyse («Quand je suis sorti de l'Égypte, Notes sur la Pâque juive». «Évidences», März 1956), daß die Juden schon vor dem Christentum der Versuchung unterlagen, die mosaische Lesart des Passah zu allegorisieren. Das hellenistische Judentum hat durch die Lehren seines vornehmsten Repräsentanten Philo von Alexandria den Exodus in Idealbegriffen gedeutet: aus Ägypten ziehen bedeutet, die Materie zu besiegen, in die Welt der Seele einzudringen, den geheimnisvollen Übergang vom somatischen zum pneumatischen Leben zu vollziehen. Ebenfalls vor dem Christentum drohte dem Judentum noch eine andere Versuchung: vom Passah nichts anderes zu bewahren als seinen aus jedem historischen Zusammenhang herausgelösten heiligen Ritus. Die Samaritaner, Heiden, die Nebukadnezar im sechsten Jahrhundert vor Christus in Palästina angesiedelt hat, übernahmen den jüdischen Kult, ohne freilich an der jüdischen Geschichte teilzuhaben; für sie gab es weder eine Zerstörung des Tempels noch einen Verlust des Landes oder ein Exil. Ihr Passahfest folgt mit einer rührenden, aber falsch verstandenen Treue den Vorschriften Mosis. Das sahen jüngst verwunderte Zuschauer zu Naplus, bevor der israelisch-arabische Krieg von 1948 die etwa zweihundert Samaritaner des zwanzigsten Jahrhunderts zur Auswanderung und Zerstreuung zwang. Sie sahen ein wortgetreues, aber anachronistisches Passah: das aus der Passahgeschichte herausgerissene Passahritual. In Wirklichkeit wird weder die hellenistische Allegorie noch der samaritanische Ritualismus dem jüdischen Passah gerecht. Der Passahgeist verwirft nicht die Symbole, aber er weigert sich, sie in eine zeitlose Sprache zu sublimieren; er verwirft den Ritus nicht, er muß sich aber in seiner Fülle und seiner historischen Verwurzelung von aller Starrheit lösen und in einer dauernden Spannung zwischen Vergangenheit und Gegenwart stehen; so steht der jüdische Passahgeist in der Mitte zwi-

Moderner Seder (Kibbuz in Galiläa)

schen dem Anachronismus der reinen Idee und dem Anachronismus des einzig auf die Vergangenheit bezogenen Ritus gerade in der Dimension der Geschichte, die Moses von Anbeginn an für das Passah vorgesehen hatte.

Das wesentliche Moment des jüdischen Passah ist der Seder, die Zeremonie, die man in jedem Haus in der Nacht des Frühlingsvollmonds am Familientisch begeht. *Es ist des Herrn Passah ... Ihr sollt diesen Tag haben zum Gedächtnis und sollt ihn feiern dem Herrn zum Fest, ihr und alle eure Nachkommen, zur ewigen Weise. (Ex. 12, 24)* Ihre Ordnung stand seit der Zeit des zweiten Tempels fest. Jesus der Galiläer und seine Jünger (Mt. 26; Mk. 14; Lk. 22; Joh. 13, 26), Hillel der Pharisäer (Talmud, Mischna Pesachim) und Onias der Essener (Kumran-Texte) feierten sie so, wie sie sich innerhalb der jüdischen Gemeinde bis in unsere Tage erhalten hat. Wir bringen hier aus Hunderten von Dokumenten, die über die Geschichte verstreut sind und teilweise streng und dogmatisch, teils pittoresk und empfindsam klingen, die Beschwörung des Seder durch einen romantischen Dichter des neunzehnten Jahrhunderts:

«Sobald es Nacht ist, zündet die Hausfrau die Lichter an, spreitet das Tafeltuch über den Tisch, legt in die Mitte desselben drei von

*Handwaschung (Pariser Haggada,
französische Arbeit, Anf. 15. Jahrh.)*

Sederschüssel (Porzellanmalerei aus Lunéville, 18. Jahrh.)

den platten ungesäuerten Broten, verdeckt sie mit einer Serviette
und stellt auf diesen erhöhten Platz sechs kleine Schüsseln, worin
symbolische Speisen enthalten, nämlich ein Ei, Lattich, Mairettig-
wurzel, ein Lammknochen und eine braune Mischung von Rosinen,
Zimmet und Nüssen. An diesen Tisch setzt sich der Hausvater mit
allen Verwandten und Genossen und liest ihnen vor aus einem aben-
teuerlichen Buche, das die Agade heißt, und dessen Inhalt eine seltsame Mischung ist von Sagen der Vorfahren, Wundergeschichten aus
Ägypten, kuriosen Erzählungen, Streitfragen, Gebeten und Fest-
liedern. Eine große Abendmahlzeit wird in die Mitte dieser Feier ein-
geschoben, und sogar während des Vorlesens wird zu bestimmten
Zeiten etwas von den symbolischen Gerichten gekostet, sowie als-
dann auch Stückchen von dem ungesäuerten Brote gegessen und vier
Becher roten Weins getrunken werden. Wehmütig heiter, ernsthaft
spielend und märchenhaft, geheimnisvoll ist der Charakter dieser
Abendfeier, und der herkömmlich singende Ton, womit die Agade
von dem Hausvater vorgelesen und zuweilen chorartig von den Zu-
hörern nachgesprochen wird, klingt so schauervoll innig, so mütter-
lich einlullend und zugleich so hastig aufweckend, daß selbst diejeni-

Musikalisches Sedermotiv (Handgeschriebene Haggada)

gen Juden, die längst von dem Glauben ihrer Väter abgefallen und fremden Freuden und Ehren nachgejagt sind, im tiefsten Herzen erschüttert werden, wenn ihnen die alten, wohlbekannten Paschaklänge zufällig ins Ohr dringen.» (Heinrich Heine, «Der Rabbi von Bacharach»)

Ist diese Seite von Heine, diese Huldigung an die Nacht des Exodus, die bei den Juden von Geschlecht zu Geschlecht begangen wird, das Zeugnis eines Dichters? Gewiß, auch das spielt mit. Keine Feier ist so ergreifend; der Geist eines Volkes entfaltet sich hier ganz unbefangen im Dichterischen, Künstlerischen und Musikalischen zugleich. Es scheint, als hätte dieses Fest die Kraft, Begabungen zu wecken, die sonst die historischen Bedingungen oder die Vorschriften der Lehre ersticken oder einengen. Die hohe Intellektualität des talmudischen Denkens mildert und lockert sich hier: Dialektik, Exegese und Ritus begeben sich auf die Stufe des Kindes, die Bibelverse, die überlieferten Texte und die geheiligten Gebärden wirken bewußt naiv und spontan und verleihen dieser Jahrtausende alten Feier eine ewige Jugend. Während des Mittelalters war bei den Juden die Freude an der bildenden Kunst in Vergessenheit geraten. Strenge Verbote im Gesetz hatten dazu beigetragen. Aber der Ausschmückung der Passah-Haggada widmen sich die jüdischen Künstler des Mittelalters – und der Neuzeit – mit frohem Herzen. Manche Ritualien sind Meisterwerke; die Illustrationen wirken noch ergreifender, wenn man weiß, daß sie in Gettomauern entstanden sind, hinter denen Verbannung oder Scheiterhaufen drohten. Es handelt sich um eine einzig dastehende Ausnahme von den Verboten, die wahrscheinlich mit dem intimen, familiären und tief menschlichen Charakter des Seder zusammenhängt; er lädt den Juden ein, zur Ergänzung des Wortes Ausdrucksmittel zu finden, die manchmal besser geeignet sind, eine lebendige Verbindung, eine engere und zugleich naivere Solidarität zwischen den Teilnehmern und den Generationen zu schaffen.

Es ist aber auch eine Befreiung von der Angst, eine Flucht aus dem Elend in den Traum. Dieses Reservat der Rührung und der Volkskunst in einem Milieu abstrakten Denkens hat eine Bedeutung, die über das Ästhetische hinausgeht. Heine sagt es uns übrigens. Nicht nur das Dichterische verbindet ihn mit dem jüdischen Passah, sondern ein viel tieferes Gefühl. Das Passah richtet sich wie ein Tadel und wie ein Appell an ihn. Es ist für den Juden die Grundfrage seiner Existenz und zwingt ihn, über sich selber die Frage auszusprechen, die Gott an Adam stellte: Wo bist du? Die Passahmystik ist ihrem Wesen nach nicht romantisch, sondern tragisch. Der Jude ist seinem Wesen immer mehr oder weniger fremd. Das Passah ist der Maßstab für die Dichte, Schwere und Zukunft seiner Entfremdung. Der Jude kann nicht unberührt an der Haggada vorübergehen, deren Stil nicht erzählend, sondern fragend ist, deren Bericht nicht den Klang einer Legende, sondern den Klang einer Aufgabe hat. Zuallererst wird eine Frage gestellt, an die sich alle anderen knüpfen: *Wodurch unterscheidet sich diese Nacht von allen anderen?* Darauf mag der Jude antworten, wenn er kann; wenn er nicht kann, mag er merken, daß ihn die Frage in Frage stellt. Wie ein unvollendetes Drama setzt die Nacht des Exodus sich durch die Jahrhunderte fort und sucht nach handelnden Personen, die sie immer wieder beleben müssen, um ihren eigensten Sinn zu erkennen. *In jedem Jahrhundert hat jeder Mensch die Pflicht, sich zu betrachten, als wäre er selbst aus Ägypten gezogen. Nicht unsere Ahnen allein hat dort der Heilige erlöst, gesegnet sei er, sondern zugleich mit ihnen auch uns. Denn es steht geschrieben* (Deut. 6,23): *Und führte UNS von dannen, auf daß er UNS einführte und gäbe UNS das Land, das er unseren Vätern geschworen hatte.* Dieser Satz aus der Haggada ordnete die jüdische Passahzeremonie in die Kategorie der Wiederholungsriten ein, wenn der ihr zugrunde liegende Mythos nicht in jedem Jahrhundert so konkret in die Geschichte übertragen würde, daß der Jude sich nicht jedesmal rituell in die ägyptische Nacht zurückversetzen muß, sondern daß sie in der ganzen Fülle eines Existenzproblems zu ihm kommt. Philo entkleidete den Pharao und Ägypten des Fleisches und machte aus ihnen eine ideelle Mythologie. Aber die Geschichte hat unendlich viele Pharaonen aus Fleisch und Blut auf Israels Weg gebracht; sie hat Israel an die vier Enden der Erde gestellt, in viele Ägypten mit grauenhaften Mauern, mit schweren Ketten und Stacheldraht. Daher versteht man auch, wie aggressiv das Passahthema auf das jüdische Gewissen wirkt. Das «plötzliche Erwachen», von dem Heine spricht, geht nicht auf eine patriarchalische, vertraute Melodie zurück, sondern auf die Konfrontierung mit einem Schicksal, dessen sich der Jude entledigt glaubte und das in jeder Passahnacht mit quälender Gewalt zu ihm zurückkehrt. Daß so viele Autoren das Thema der «Rückkehr zum jüdischen Gewissen» in den Rahmen der Passahnacht stellten, geht nicht allein auf das ästhetisch Anziehende dieses Abends zurück, sondern auf seine geistige Tragweite. Christopher Fry hat den Einfall gehabt, eine solche Gewissenskrise im Drama des ersten Exodus nachzugestalten. Nachdem Shendi, Mirjams Erstgeborener und Mosis Neffe («The Firstborn») wie die anderen Hebräer gelitten hat, ist er befördert worden. Als Milizsoldat der ägyptischen Armee, als «Lagerkapo», quält er nun seinerseits die Brüder schlimmer, als die Ägypter taten. Aber es kommt die Nacht des Exodus. Wird er wie die Erstgeborenen Ägyptens sterben oder wird sein Ruf «Ich bin ein Jude!» erhört? Christopher Fry läßt die Frage offen. Aber auf den Schrei, den möglicherweise ein lebendiger und wirklicher Shendi zur Zeit Amenophis' oder Menephtas ausgestoßen hat, gibt die gesamte jüdische Geschichte die Antwort. Dieser einzigartige Augenblick, der die Welt ein für allemal in Opfer und in Henker, in Bedrücker und in Befreite teilt, dient allen Generationen als Prüfstein, so daß in jeder jeder Mensch und jeder Jude wieder den Platz finden kann, der ihm wesensmäßig zusteht, selbst wenn er ihn mit seinem Dasein verleugnet oder verhöhnt hat. Und auch die jüdischen Schriftsteller konnten nicht umhin, in der Helle der Passahnacht ihre Helden, verirrte, neutrale oder indifferente Juden, den Sinn ihres Judentums wieder entdecken zu lassen. (Jo Sinclair, «Identity»; Sammy Gronemann, «Tohuwabohu». In fast allen Marranenromanen lüften die Marranen, die Kryptojuden, in einer Passahnacht ihre Maske und finden sich selber in einer Passahnacht wieder. Ist nicht übrigens «Der Rabbi von Bacharach» die Beichte eines geheimen Gewissensbisses und hat ihn Heine nicht unmittelbar nach seinem rein äußerlichen Übertritt zum Luthertum verfaßt?) Nur Israel Zangwill bringt das Drama bis zur tragischsten Lösung, in der sich der Jude zugleich der Welt der Henker und der Opfer entfremdet weiß. In «Had-Gadya» schildert er die Grenzsituation des Juden vor dem Passahfest. Einem emanzipierten jungen Juden wird gegen Ende des neunzehnten Jahrhunderts durch das Passah, dem er in Venedig beiwohnt, das Scheitern und die Absurdität seiner Entfremdung und zugleich die Unmöglichkeit seiner Identifizierung mit dem Judentum so quälend bewußt, daß er in einem Canale den Tod sucht, während aus den halb geöffneten Fenstern die letzten Töne der Passah-Haggada erklingen, die den empfindlichsten Punkt seines Wesens getroffen hat.

Es zeigt sich also, und diese Beispiele unterstreichen es, obgleich sie

Wodurch unterscheidet sich diese Nacht
von den anderen Nächten? (Nürnberger Haggada)

literarisch und novellesk sind, daß nicht das jüdische Volk als solches im Mittelpunkt der Passahnacht steht. Sie ist bei ihrer alljährlichen Wiederkehr kein patriotisches Gedenkfest, dessen pathetische Reden bewirken, daß man sich berauscht oder opfert. Der Seder hat so wenig rein nationale Feierlichkeit, daß in der Haggada der Name Mosis, des Befreiers, überhaupt nicht vorkommt; es wird darin keine menschliche Heldentat erwähnt. Aber was sich als unentbehrlich erweist, ist eine Prise jüdischen Bewußtseins. Nicht, damit sich die Angehörigen eines Volkes um eine Tat nationaler Befreiung scharen, aber damit der Begriff Befreiung, Erlösung sich nicht in Abstraktionen auflöst, sondern als eine Erfahrung des jüdischen Volkes in Ägypten verstanden wird, «die sehr verschieden ist von allen anderen». «In jedem Jahrhundert hat jeder Mensch die Pflicht, sich so zu betrachten, als wäre er selbst aus Ägypten gezogen.» Wie lautet also die m e n s c h - l i c h e Definition dieser Freiheit, die nur bezeugen kann, wer sich dazu bekennt, daß er sie mit Moses in Ägypten errang?

Was am jüdischen Passah in erster Linie zum Ausdruck kommt, ist die Gewißheit der Befreiung. Mit dem Auszug aus Ägypten ist für die Menschheit eine neue Stunde angebrochen, die Stunde der Erlösung vom Elend. Hätte es keinen Exodus unter dem doppelten Siegel des gebieterischen göttlichen Willens und der freiwilligen und bewußten Teilnahme der Menschen gegeben, so wäre die Geschichte der Menschen radikal anders verlaufen, weil an ihrer Wurzel nicht die Erlösung, die geulla, der Auszug aus Ägypten gestanden hätte. «Weder meine Väter noch ich noch meine Kinder wären frei, heute und immer wären wir Sklaven», sagt der Jude in der Passahnacht. Umgekehrt: die Tür, die der Exodus geöffnet hat, kann nicht mehr zufallen. «Wir sind frei in einer ewigen Freiheit.» Eine paradoxe Gewißheit, wenn der elende, ins Getto eingemauerte und in der Verfolgung mit Ketten gefesselte Jude sie verkündet. Aber diesem Paradoxon entrinnt der Jude nicht durch eine Spaltung der Freiheit. Er lehnt die Auffassung ab, daß nur die seelische Freiheit ewig ist und daß die physische zeitweise verlorengehen kann. Das jüdische Passah respektiert den umfassenden und unteilbaren Sinn der Freiheit. Der Auszug war ein konkretes, ein soziales und politisches Ereignis, eine Befreiung des Leibes wie der Seele (ja, mehr des Leibes als der Seele, die erst am Sinai völlig befreit wurde). Die Energie, die sich damals wie ein Sturzbach über die Welt ergoß, ist unerschöpflich, unbesieglich. Kein Damm vermag ihr zu widerstehen. Jeder Zwang ist akzidentell; jedes Elend ist vorübergehend. Der Hauch der Freiheit, der seit dem Exodus die Welt durchweht, kann es noch heute fortwirbeln. Das ist die Gewißheit, die der Jude ausspricht, wenn er in der Passahnacht «das Brot bricht und den Weinbecher hebt»: Brot des Elends, Wein der Freiheit, die es besiegt; wenn er zur Zeit des Tempels das Osterlamm aß und wenn er heute die Bitterkräuter kostet: die Bitterkeit, die das Passah vertrieben hat. Der Optimismus des jüdi-

Ein Vorhang verbirgt den Blicken ...

schen Volkes, seine menschenfreundliche Tugend in patriarchalischen Jahrhunderten und seine soziale Dynamik in Zeiten der Revolution haben ihre Quelle und ihren Anspruch in diesem Sinn des Passah, der den mosaischen so genau respektiert. «Wer Hunger hat, soll kommen und essen. Wer in Not ist, soll kommen und das Passah feiern»: so lautet der Eingangsspruch des jüdischen Passahabends. Durch seinen «sozialen» Klang scheint er über das rein Religiöse hinauszugehen und ist trotzdem von gar nichts anderem als Mosis Pentateuch erfüllt. Gerade daß die jüdische «Religion» sich in ihren echtesten Erscheinungsformen der Sprache der Laien bedient, ermöglicht es allen Juden, am Passah zu «kommunizieren». Ich benütze dieses Wort mit Absicht, denn im Christentum zeigt sich die Trennung zwischen Gläubigen und Ungläubigen beim österlichen Abendmahl. Beim Seder des jüdischen Passah dagegen finden sich Gläubige und Ungläubige in einem gemeinsamen Glauben zusammen. Und wenn es wunderbare Seder mit religiöser Stimmung gibt, so ist der Seder der sozialistischen und ungläubigen jüdischen Arbeiter nicht weniger charakteristisch für alles, was der Auszug aus Ägypten an Wesentlichem für das historische Schicksal Israels darstellt.

Wie das jüdische Passah in seiner sozialen Interpretation des Exodus dem Pentateuche Mosis treu blieb, folgt es ihm auch in seinem eschatologischen Sinn. Der Begriff geulla, der in der Thora gleichermaßen Befreiung und Erlösung bedeutet und beim Passah für die Vergangenheit die Erlösung der Sklaven in Ägypten und für die Zukunft jede Erlösung aus einer akzidentellen Versklavung bezeichnet, wird vom jüdischen Passah nicht sublimiert. Man deutet die künftige Erlösung bewußt physisch und nicht moralisch, irdisch und nicht himmlisch, menschlich und nicht göttlich. Edmond Fleg hat diese Eschatologie des jüdischen Passah vorzüglich verortet (vgl. S. 143): das Abendmahl, das im christlichen Heilsplan seinem Wesen nach göttlich ist und das Weltall mit Gott verbindet, ist im jüdischen Heilsplan ein menschliches Abendmahl, bei welchem jedes Geschöpf den Sinn seiner Berufung zum Menschen wiederfindet. Einer Berufung, die notwendig mit einer Spur Bewußtheit der menschlichen Existenz verbunden sein muß. Das Passahereignis gestattet deren Erforschung bis zum Grund, aber auch bis zum höchsten Gipfel. Vom Schlamm des fürchterlichsten Elends bis zu dem größten Wunder, durch das die menschliche Würde in ihrer ganzen Größe wiederhergestellt wird, stellt der Sederabend den Menschen sich selbst gegenüber. Am Ende des Streites kann dann das Wesen dieser «Berufung» ganz deutlich werden, die den Menschen an die Seite des Menschen beruft, damit er an Jerusalem und eben dadurch an der Welt mitbaut.

. . . die Thorarolle in der Bundeslade

Auf einem Basrelief des Titusbogens in Rom tragen lorbeerbekränzte römische Soldaten im Triumph die heiligen Geräte aus dem Tempel zu Jerusalem. Es gab im Tempel nur wenige Gegenstände und gar keine Statuen, und als die Römer den Tempel in Brand steckten und seine Überreste plünderten, konnten sie sich einbilden, sie hätten die jüdischen «Sakramente» zerstört. Judaea deleta? Nein, das Heiligtum Judäas war nicht zerstört. Einer der Legionäre trägt auf seinem Rücken einen schlichten länglichen Behälter, der zweifellos einen *Sefer Thora*, eine Rolle mit dem Gesetze Mosis enthält. Damals existierten Tausende von Exemplaren; weitere Tausende werden bald wieder kopiert. Durch diesen Wald von Büchern, in welchem jeder Baum den Text des mosaischen Pentateuchs und nichts anderes trägt, hat das Judentum gelebt und lebt es weiter. Der Umfang der Thora – fünftausendachthundertfünfundvierzig Verse – macht die Rolle schwer, unhandlich und mühsam zu tragen. Das verschlägt nichts, diesen Gegenstand bringen die Juden gleich nach den Menschen und lange vor jedem anderen Besitztum in Sicherheit, sooft sie in Gefahr sind. Er ist das G u t schlechthin. Um seinetwillen stürzt man sich genau wie wegen eines Kindes in die Flammen, um es zu retten. Die Treue des jüdischen Volkes zur Thora Mosis zeigt sich eindrucksvoll in dieser einem Gegenstand verliehenen Weihe.

Einer Weihe, die sich auf den ersten Blick kaum von derjenigen unterscheidet, die in anderen menschlichen Gemeinschaften Symbole und Reliquien verklärt. Wie die Nationalflagge oder das religiöse Emblem braucht der Sefer Thora Achtung und auch ein wenig die Aura des Mysteriums. Er liegt in der Synagoge in der Bundeslade, in der sich alle Inbrunst vereinigt, ist aber nichtsdestoweniger durch einen Vorhang aus schwerem Stoff den Blicken entzogen. Zwar ist die ganze Synagoge heilig, aber der Sefer Thora liegt im Allerheiligsten. Gestattet die Synagoge, daß die Gläubigen beim Beten sitzen bleiben, so erhebt sich die Gemeinde, wenn sich der Vorhang vor dem Sefer Thora öffnet. Das ist der feierliche Augenblick der jüdischen Liturgie: man fühlt sich an den Fuß des Sinai versetzt, an dem die ganze Gemeinde Israels stehend das Wort Gottes empfing.

Aber diese Weihe, die wie in anderen religiösen Gemeinschaften oft bis zu naiven, ja abergläubischen Äußerungen der Frömmigkeit führt, besitzt im Judentum einen durchaus eigenen Charakter. Als einziges unter den heiligen Büchern der Menschheit verlangt der Sefer Thora eine der Tradition entsprechende Gestalt: er muß mit Menschenhand auf Pergament geschrieben sein, und zwar nicht nur dem Texte, sondern auch der Anordnung und dem Aussehen der Zeichen nach in völliger Übereinstimmung mit dem Grundtyp, dessen Existenz sich in der Nacht der Zeiten verliert und über den die Tradition uns belehrt, es sei derselbe, den Moses in der Wüste schrieb. Jeder Jude ist gehalten, einmal im Leben selbst einen Sefer Thora abzuschreiben: eine seltsame Pilgerfahrt, die den Jünger nicht zu einer durch den Propheten geheiligten Stätte führt, sondern ihn auf seinem eigenen Wege den Gestus wiederholen läßt, der die Botschaft übermittelt. Gewiß ist dieser Brauch aus der Übung gekommen, und die meisten Juden übertragen seine Ausführung einem spezialisierten Schreiber. Die ideale Forderung existiert noch, und der geringste Verstoß gegen die Regeln macht den Sefer Thora für eine liturgische Verwendung ungeeignet. Ein Sefer Thora, in dem man einen noch so geringen Fehler entdeckt, ein Sefer Thora, bei dem die Tinte eines noch so banalen Wortes verblaßt und unleserlich wird und (muß das eigens ausgesprochen werden?) ein gedruckter Sefer Thora, sie alle sind nicht verwendbar. Keinem bleibt die Weihe, die ihn mit Achtung verklärt. Man begräbt ihn trauernd wie ein totes Kind. Das geheiligte Leben des Sefer Thora liegt ganz und gar in der peinlichen Treue zum Texte Mosis.

Seit dreitausendfünfhundert Jahren hat es den Anschein, als l e b t e jeder Sefer Thora nur in dem Maße, in dem er den Text des Gesetzes Mosis in seiner ganzen Echtheit überliefert. Die «liberalste» Synagoge hat diese organische Bedeutung des Sefer Thora respektiert. Im Heilsplan des Judentums bezeugt der Sefer Thora, daß weder der Zahn der Zeit noch der Zerfall des Materials der Tod des Gesetzes ist, sondern die Untreue gegen Mosis Text. Wenn ein treuer Sefer Thora aus Altersschwäche oder infolge eines Unglücks stirbt, «fliegen seine Buchstaben davon», bis sie in der Luft von einem neuen Schreiber aufgefangen werden, der sie einem neuen Körper einverleibt. Der treue Text ist die Seele des Sefer Thora, und wie die menschliche Seele ist er unsterblich.

Wie der Text der Thora die Seele des Sefer Thora ist, ist er auch die Seele des Judentums; der ganze Organismus des jüdischen Volkes und nicht allein der heilige Gegenstand der Synagoge schöpft sein Leben, seine Fruchtbarkeit und seine Originalität allein aus dem Vorhandensein dieses Textes. Dieses T e x t e s, denn die grundlegend jüdische Entscheidung für das Gesetz bedeutet, daß man seinen Buchstaben akzeptiert und in diesem Buchstaben den ewigen und strahlenden Sitz des Lebens des Gesetzes entdeckt.

Dieser Text erfüllt die jüdische Welt auf eine so greifbare Art, daß ihm der Jude dauernd in Zeit und Raum begegnet. Das Haus des Juden, der innerste Rahmen seiner Existenz, trägt über dem Türbalken die *Mesusah*, ein kleines Pergament, auf dem zwei Thorasteller stehen (Deut. 6, 4–8, und Deut. 11, 13–21). Am Leibe trägt der Jude *Phylakterien*, und zwar auf der Stirn und dem linken Arm, die ebenfalls Thoraverse enthalten (Deut. 6, 4–8, und Deut. 11, 13–21; Ex. 13, 1–16). Der liturgische Tag beginnt und endet mit der Rezitation des *Shema* (Deut. 6, 4–8, und Deut 11, 13–21; Num. 15, 37–41), und dieses *Shema* umfaßt nicht bloß den jüdischen Tag, sondern die ganze jüdische Existenz: es ist das erste Wort, welches das Kind zu stammeln lernt, es ist das letzte auf den Lippen des Sterbenden. Der vollständige Text der Bibel wird in den Synagogen in einem regelmäßigen Jahreszyklus montags, donnerstags, am Sabbat

Studium . . . (Schule von Fublaines bei Paris)

und an den Feiertagen verlesen. Gelegenheitsriten schließen sich an diese öffentliche Lesung an: Geburt, Beschneidung, Adoleszenz, Ehe und Tod sind Anlaß für einen «Ruf zur Thora», wobei im Prinzip die Gerufenen das «Kapitel der Woche» lesen oder zumindest, falls ihre Kenntnisse dazu nicht reichen, der Lesung folgen, die gerade ihnen zugedacht ist.

Der Text der Thora ist die Achse der Liturgie, das Werkzeug des Ritus, und bildet letzten Endes die unwiderrufliche Grundlage alles echten jüdischen Denkens. Es ist durchaus bemerkenswert, daß das Mündliche Gesetz – die Gesamtheit der rabbinischen Traditionen über Gesetz, Lehre oder Philosophie – genau wie das Geschriebene Gesetz, der Pentateuch, ganz und gar Moses zugeschrieben wird. Daß schließlich dieses Mündliche Gesetz selbst im Talmud niedergeschrieben wurde, wird von den Juden als eine durch die Geschichte erzwungene Nebensächlichkeit empfunden, die seinem im Grunde mündlichen Charakter keinen Abbruch tut. Der Begriff «Mündliches Gesetz» kann nämlich im jüdischen Denken nichts anderes bedeuten als die Lebenskraft des Geschriebenen Gesetzes. Andernorts bekämpfen sich Buchstabe und Wort, schließen einander aus oder ergänzen sich bestenfalls. Im Judentum sind sie organisch zu einem untrennbaren Ganzen verbunden. Jeder Buchstabe enthält im Keim ein Wort; und jedes Wort enthält Buchstabenzeichen. Durch diese Auffassung hat sich ein durchaus eigenartiger Bereich entwickelt, in den kein Jude eindringt und den kein Jude verläßt, ohne daß er das Gefühl hat, er entdecke oder verliere eine Heimat: der Bereich des S t u d i - u m s. Man entkleide dieses Wort jedes intellektualistischen oder aristokratischen Untertons; man gebe ihm einen gefühlsbetonten und volkstümlichen Klang; man stelle sich eine Universität der täglichen Pflichten des Lebens, des Denkens und des Handelns vor – dann hat man einen Vorgeschmack dessen, was der Jude empfindet, wenn er in eine der zahllosen großen oder kleinen Schulen geht oder, noch einfacher, mit einigen Freunden oder allein in einem Winkel seines Hauses die Thora s t u d i e r t. Dort übt er sich ständig in seiner halb realen, halb prophetischen Existenz, in seiner Geschichte, die ebenso unauflöslich buchstäblich und mystisch ist wie die Thora, die er studiert.

Aber es ist noch bemerkenswerter, daß sich sogar die jüdische Mystik eben am Text der Thora entwickelt hat. Wenn es etwas für die Mystik Bezeichnendes gibt, so dies, daß sie den Buchstaben und sogar die Sprache überwindet, um sich dem Unsagbaren zuzuwenden. «Die Dinge, die man nicht sagen kann», sind der mystischen Seele die kostbarsten. Nun hat die jüdische Mystik die Besonderheit, daß sie eben beim Worte ansetzt. Der *Sohar* ist ein Kommentar zur Thora. Ein Kommentar, der Wort für Wort oder besser Buchstabe für Buchstabe und Zeichen für Zeichen vorgeht, sich aber in die Tiefen intensiver und leuchtender Geistigkeit versenkt und bis zu der begeisternden Nähe Gottes aufschwingt. Im achtzehnten Jahrhundert hätte sich das osteuropäische Judentum beinahe in zwei Gruppen aufgespalten: die rationalistischen *Mitnagdim* und die neuen Anhänger der

. . . und Gebet (Jugendheim in Straßburg)

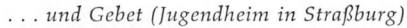

Mystik des *Chassidismus*. Wäre das Schisma ausgebrochen, so wäre dennoch die geistige Einheit des Volkes dadurch erhalten geblieben, daß die Hauptschriften beider Richtungen, Talmud und Sohar, gleichermaßen Kommentare zum Text der Thora sind. Daß diese Kommentare nicht einfach Wiederholungen sind, haben wir soeben gezeigt. Der Umkreis der geistlichen Lehren und philosophischen Theorien, die den Text der Thora umsäumen, ist im Judentum sehr weit. Und manchmal hat man den Eindruck, daß man von Moses und dem Sinn, den er dem Gesetz gegeben hat, weit entfernt ist. Überspringt nicht die Ahnenreihe des Mündlichen Gesetzes, wie sie der Talmud angibt, einige wichtige Glieder der Kette? «Moses wurde seit dem Sinai in die Thora eingeweiht, er gab sie an Josua weiter, Josua an die Alten, die Alten an die Propheten und die Propheten an die Männer der Großen Synagoge.» (Mischna Aboth, I, 1) Wo sind die Priester? Die Könige? Es gibt bei ihnen Unwürdige, aber auch Fromme. Diese pharisäische Sicht der Geschichte der Thora ist bezeichnend; sie hält allein die demokratischen und prophetischen Stationen fest und schiebt das priesterliche und institutionelle Element beiseite, das freilich in jüdischer Sicht ebenfalls seinen Platz hat. Es gibt zahlreiche jüdische Exegesen, in denen alles, was sich in der Thora auf das Priesteramt, die Opfer oder den Tempel bezieht, sublimiert wird. Hat Philo auf diesem Gebiet platonisiert, so haben viele Rabbis philosophiert. Das System des Maimonides, ein würdiger Vorläufer des Systems des Thomas von Aquin, der ihn lobend erwähnt, hat alle Vorzüge und alle Fehler mittelalterlicher Summen. «Von Moses bis zu Moses gab es niemanden wie Moses», werden die Jünger des Moses Maimonides sagen. Jedoch verbirgt das Werk des zweiten Moses wegen seiner manchmal therapeutischen und hygienischen Deutung bestimmter Teile der Thora nicht wenig vom Werk des ersten. Was Moses Mendelssohn betrifft – den dritten Moses, der später in den Lobspruch aufgenommen wird –, so vergißt er, und nach ihm werden es die jüdischen Philosophen des neunzehnten Jahrhunderts vergessen, daß an der Quelle der Thora Mosis kein kategorischer Imperativ, sondern das persönliche und feierliche ICH Gottes steht.

Man könnte noch viele Beispiele nennen und sogar in apologetischer Eitelkeit ihre große Zahl betonen und zeigen, daß sie die «geistige Toleranz» der Juden und ihr «Geöffnetsein für Einflüsse von außen» bezeugen. In Wahrheit beseelte diese Juden etwas sehr viel Absoluteres als irgendwelche Toleranz: die echt mosaische Gewißheit, daß sie das Joch des Reiches tragen. Denn wie die Treue zum Text der Thora die Seele des Judentums ist, so ist sein Herz die Treue zur Tat der Thora. Jenseits, diesseits oder besser: im Zentrum der nuanciertesten und manchmal vom Buchstaben Mosis entferntesten Exegesen stand die Annahme der von Moses befohlenen Tat. Eine Annahme, die man nicht durch irgendeine Allegorie oder Symbolik umging, sondern durch die buchstäbliche Erfüllung der Tat, der *Mizwa*, verwirklichte.

Genau wie das Wort *Thora* verlangt das Wort *Mizwa*, wenn man es in seiner ganzen Bedeutung verstehen will, daß man sicher weiß, was «Treue zu Moses» bedeutet. Man kann die *Mizwa* nur verstehen, wenn man sie tut. Für den unbeteiligten Beobachter handelt es sich um eine Geste, einen Ritus, dessen mechanische Ausführung einen inhaltslosen Formalismus verrät. Der Jude kennt diesen «Shylockismus des Tuns» genau, den niemand stärker verachtet als er: die erbittertsten Gegner aller falschen Pharisäismen sind die Pharisäer selbst, und bestimmte Seiten des Talmud sind gegen den Formalismus strenger als die Evangelien. Aber gerade wenn der pharisäische Jude die Tat nach dem Innern und nach dem Herzen ihres Vollzugs beurteilt, macht er eine Erfahrung, in der die Begriffe «Inhalt», «Form», «mechanisch» keinen Sinn mehr haben. Denn diese Begriffe sind in Griechenland entstanden, und zwar tausend Jahre nach Moses, für den im Thora-Akt, in der *Mizwa*, Form und Inhalt ein Ganzes bilden; für den zudem das menschliche Handeln durchaus nicht unter dem Bilde von etwas Mechanischem verstanden werden konnte, sondern allein unter dem Bilde Gottes.

Die *Mizwa* zu erfüllen, bedeutet also für den Juden, sich wieder zur alles umfassenden Buchstäblichkeit der Thora Mosis zu bekennen. Es bedeutet, in Mosis Sinne die Trennung von Geist und Fleisch zu verwerfen und durch Heiligkeit die Einheit des Menschen nach dem Bilde der Einheit Gottes wiederherzustellen. In diesem Streben nach Vereinheitlichung tritt im Gebot der Thora das Imperativische zugunsten des «Imitativen» zurück. Das J o c h wird nicht willkürlich einem unbotsamen Nacken auferlegt: es wird in Freiheit und in Freude genommen, und zwar mit der Gewißheit, daß von seiner Ablehnung oder Annahme das Schicksal des Reiches Gottes auf Erden abhängt. Erst dieses Vertrauen in die erlösende Kraft der *Mizwa* erklärt den großen Bruch zwischen Judentum und Christentum, der sich bei Paulus vollzog. Der Streit zwischen Gesetz und Glaube hätte niemals ein Schisma hervorgerufen, wenn es lediglich darum gegangen wäre, zwischen Legalismus und Spiritualität zu wählen. Das «orthodoxe» Judentum wußte, daß das Gesetz seit Moses, seit Abraham und Adam aus dem Worte lebte, daß seine Ebene eine geistliche Innerlichkeit voraussetzte, ohne die es nichts anderes war als eine Parodie auf den Willen Gottes. Die Ähnlichkeit der Lehren des Pharisäers Hillel und seines Zeitgenossen Jesus, den die Pharisäer mit der einem Lehrer geschuldeten Achtung als Rabbi angeredet haben, beweist, daß die Bergpredigt dem echtesten pharisäischen Judentum entspricht. Aber der heilige Paulus wirft die Frage der Rechtfertigung auf: durch das – erlösende – Gesetz – oder durch den Glauben an den Erlöser? Indem so Paulus die Dialektik von Gesetz und Glauben auf das Gebiet der Erlösung überträgt, stiftet er das Schisma. Denn für die Juden rechtfertigte nicht der Messias die Menschen, sondern die *Mizwa*, die Erfüllung des Gesetzes. Das Reich Gottes auf Erden nahm überall und immer seinen Anfang auf den vier Ellen, in denen jemand die Thora erfüllt. Vier Ellen: ein winziger Raum, doch kann ein Mensch darin stehen, der das Joch des Reiches auf sich nimmt.

Betender Rabbi. Gemälde von Marc Chagall

Eine umfangreiche Anthologie würde nicht genügen, um alle Texte der talmudischen und mystischen Literatur zu vereinigen, die der m e s s i a n i s c h e n Kraft der Thora gewidmet sind. Man muß jedoch unterscheiden zwischen denjenigen, die den messianischen Akzent auf die Thora selber legen, und den anderen, die die ganze messianische Kraft dem Menschen zusprechen, der die Thora erfüllt, dem Menschen in der *Mizwa*. Innerhalb des Judentums gibt es eine äußere und passive Deutung der Thora; sie wird hypostasiert, nimmt kosmische Dimensionen an und erfüllt alle Funktionen, die man sonst der Weisheit, dem Logos oder dem Messias übertrug. Sie ist älter als die Schöpfung und hat es Gott ermöglicht, das All zu erschaffen, dessen Plan, Gerüst, Bau und Vollendung sie ist. Aber ebenso gibt es die innere Schau durch die *Mizwa*. Der Mensch, der die Thora erfüllt, besitzt in seinen vier Ellen kosmische Kraft; Gott bedarf seiner, um das All zu erschaffen, zu planen, zu rüsten, zu bauen und zu vollenden. Die Koexistenz dieser beiden Anschauungen erlaubt dem Judentum bis heute, sich vom Christentum zu unterscheiden. Aber man sollte zugeben dürfen, daß es vor allem heute Juden gibt, die sich damit begnügen, anders vom Messias zu s p r e c h e n als der Christ, und daß es andere gibt, für die sich der letzte Unterschied zwischen Juden und Christen nicht lediglich auf der Stufe des Sprechens bezeugt, sondern auf der des messianischen T u n s.

Bei diesen Juden bekommt die Treue zu Moses ein letztes Leuchten, denn sie wissen: ist auch die Thora an sich das Gesetz des Alls, so ist die Erfüllung der Thora nichtsdestoweniger allein dem jüdischen Volke anvertraut. E s wurde angesprochen. Das Gesetz baut die Welt nicht auf, indem es im Handumdrehen an allen ihren Enden gleichmäßig zupackt; sondern es sucht sich auf dem engen Raum der Juden zu erfüllen. Gottes Weg führt über die vier Ellen der *Mizwa*; an jeder Stelle, wo der angesprochene Jude das Gesetz erfüllt, und dort allein, bekommt er die Orientierung, die ihn zu einer universalen Erfüllung hinlenkt. Das aber hängt nicht mehr allein am Weiterleben des Sinai-Ereignisses im Schoße der jüdischen Berufung. Hier spürt man, daß die Erfahrung der Wüste noch nicht zu Ende ist.

Der Bund oder Die messianische Einsamkeit

Siehe, das Volk wird besonders wohnen und nicht unter die Heiden gerechnet werden. (Num. 23, 9)

Diesen Hinweis auf das Wesen des jüdischen Volkes legt Moses Bileam in den Mund, der ein inspirierter Nichtjude ist. In der Zeit bedarf es eines Minimums an Inspiration und an Zustimmung zur Welt der Bibel, wenn man den Sinn der Einsamkeit Israels begreifen will. Im Geiste des Zuschauers, der sich der Bibel nicht öffnen will, wird diese Einsamkeit zu einem scheinbar arroganten, ärgerlichen und schädlichen jüdischen Partikularismus und Kosmopolitismus, der ohne Sinn und Zweck die Ordnung der Dinge stört. Der Amalekiter Haman beschreibt ihn folgendermaßen: *Es ist ein Volk, zerstreut, und teilt sich unter alle Völker in allen Ländern deines Königreichs, und ihr Gesetz ist anders denn aller Völker, und tun nicht nach des Königs Gesetzen; es ziemt dem König nicht, sie also zu lassen. Gefällt es dem König, so lasse er schreiben, daß man sie umbringe.* (Esther 3, 8–9) Das ist das Programm des Antisemitismus, wie ihm der Jude von Jahrhundert zu Jahrhundert auf seinem Wege begegnet. Ein Programm, das auf einem radikalen Widerspruch beruht, auf einem absurden Verständnis der Wirklichkeit. Denn Israels Partikularismus wirft keine «jüdische Frage» auf, sondern begründet ein Problem. Die Auserwählung Israels ist keine Laune, sondern ein Mysterium. «Vergeblich stellt Dostojevskij Rußland als ein auserwähltes Volk hin; vergeblich gefällt sich Péguy darin, dasselbe für Frankreich zu tun; vergeblich bringt das ‹British Israel› immer neue pseudo-exegetische Beweise für seine Zugehörigkeit zu den zehn Stämmen; vergeblich überhäufen die Christen aller Länder das Nachdenken über das Schicksal der Juden mit dem Schmutz aller unserer Treulosigkeiten und mit dem fragwürdigen Firnis unserer Imaginationen: weder die Überlegungen der Soziologie, sogar der ‹christlichen›, noch die historischen Entdeckungen, sogar die ‹unabhängigen›, oder die moralischen unpsychologischen Variationen des christlichen Gefühls, sogar des ‹philosemitischen›, dürfen uns jemals vergessen machen, daß Israel noch heute die einzige völkische Gruppe ist, deren Namen man ohne Gotteslästerung dem Wort ‹Mysterium› beigesellen darf.» (Lovsky: «Le Mystère d'Israël et l'antisémitisme»)

Wir Juden stimmen mit dem Christen Lovsky überein und möchten hier wiederholen, daß das jüdische Volk sein Schweifen keineswegs als einen Fluch empfindet. Israels Nomadentum ist nicht das Nomadentum Kains, das Exil des jüdischen Volkes ist kein ziel- und beziehungsloser Weg, und der Schandfleck zeichnet allein die Parodie des Ewigen Juden. Wenn das jüdische Volk sein Umherirren als eine Strafe betrachtet, so deshalb, weil es sie im Rahmen seiner Reflexion über die Lehre des Buches Hiob als eine Prüfung nimmt und lieber Gott als sich selber rechtfertigen möchte; das aber gibt keinem Feinde (geschweige denn einem Freunde, siehe Hiob) das Recht, als Gottes Interpret, als sein Sprecher in dem Prozeß, als sein weltlicher Arm oder, schlimmer noch, als seine wohlmeinende Claque aufzutreten. Die Schlußfolgerungen Lovskys teilen wir nicht und überdenken das Mysterium aus unserer eigenen Situation heraus. Hier zeigt sich die unvermeidliche Zweideutigkeit des Gespräches zwischen Juden und Christen. Das «Mysterium» der jüdischen Auserwähltheit hat für die Juden einen Sinn, der für das Christentum durchaus nicht tragbar ist. Wo aber liegen dessen Quellen? Genaugenommen: nicht bei Jesus, sondern bei Moses, nicht auf Golgatha, wo für die Christen der Neue Bund geschlossen wurde, sondern in der Wüste, wo der Alte, der für die Juden einzige Bund entstand. In einer Wüste, wie sie Moses gesehen und erlebt hat. In einer Wüste, die nicht die Stätte

Der Ewige Jude. Bilderbogen von Epinal

einer Isolierung, sondern die Stätte einer Begegnung ist; in der die Menschen nicht in eremitenhafter Unbeweglichkeit erstarren, sondern wo sich ein ganzes Volk dem Augenblick seiner Geschichte gestellt hat. Trotz seiner zeitlichen und räumlichen Grenzen − vierzig Jahre zwischen Nildelta und Jordan − ist das Wüstenerlebnis in Zeit und Raum unvollendet geblieben. In der Tat umschließt es auf allen Seiten eine dritte Dimension, die des Bundes, der das Abenteuer aus d i e s e r Zeit und aus d i e s e m Raum in andere Zeiten und andere Räume projiziert. Der Zug durch die Wüste war sicher eine Reise zum Gelobten Land, aber dieses Land hat die Verheißung nicht endgültig erfüllt. Es war bereit, ein Volk aufzunehmen, aber ebenso bereit, es wieder «auszuspeien», wenn es den Bund verletzte; und es später wieder aufzunehmen, wenn es «den Bund erneut aus seinem ganzen Herzen, aus seiner ganzen Seele suchte». Spätere Zeiten der Geschichte und andere Länder als das Land Kanaan umkreisen bereits die Wüste, in welcher Moses und Israel ein z e n t r a l e s Abenteuer erleben. Um diese Wüste, in der ein Volk «nicht wie die anderen» zu einem Land «nicht wie die anderen» unterwegs ist, formt sich wie um eine Achse eine ganze Welt. Das ist das «Mysterium» des Alleinseins in der Wüste. Es macht paradoxerweise aus einem einsamen Volk den Gefährten aller Zeiten, aus dem Gelobten Land den Gefährten aller Länder. In der Wüste seiner Sonderexistenz begegnet Israel dem Universalen. *Ihr sollt mein Eigentum sein vor allen Völkern; denn die ganze Erde ist mein. Und ihr sollt mir ein priesterlich Königreich und ein heiliges Volk sein.* Die Erde, die Völker sind seit dem Wüstenerlebnis nicht mehr farblose, ungestalte und ziellose Massen. Sie sind fortan nach einer Achse orientiert, die Gottes Achse ist. Seit der Wüste weiß sich Israel im Zentrum einer heiligen Kosmographie, in der jedes Volk seine typische Funktion besitzt. Ägypten ist das Wirtsvolk in der furchtbaren Doppelsinnigkeit des Wortes: der Wirt kann den Fremden aufnehmen, der bei ihm einkehrt, aber er kann ihn ebensogut ermorden (Deut. 8–9). Edom ist das Brudervolk, aber hat nicht Kain seinen Bruder erschlagen? (Deut. 23, 8; Num. 20, 18) Ammon und Moab sind neutrale Völker, aber ist unter gewissen Bedingungen Neutralität nicht schlimmer als Haß? (Deut. 23, 4–6) Midian ist das Volk von verführerischer Schönheit, aber Schönheit kann die Seele verderben (Num. 25, 1–19).

Man versteht das Denken der jüdischen Propheten falsch, wenn man bei ihnen das Wüstenthema nicht im mosaischen Sinne versteht. Das Problem, an welchem Amos, Hosea, Jeremias und Hesekiel sich immer wieder stoßen, wenn sie unermüdlich die Wüste beschwören, ist kein kulturelles, sondern ein religiöses, kein moralisches, sondern ein metaphysisches Problem. Man darf Prophetentum und Rechabismus nicht miteinander verwechseln. Die Rechabiten, die im neunten Jahrhundert unter Ahab und Jezabel eine Nomadensekte bilden, wollen auf die Auswüchse einer unreinen Kultur reagieren. Für sie ist die Wüste das Ziel einer Sehnsucht; sie schließen sich darin ab, um die Schlichtheit eines goldenen Zeitalters aus ferner Vergangenheit wiederzufinden. Um sie, um manche, die ihnen vorangingen, und andere, die ihnen folgten (Jean Steinmann zählt mit Recht die Essener und Johannes den Täufer dazu) kristallisiert sich in der biblischen Welt die Freude am Nomadentum. Aber die Propheten sprechen von der Wüste in einer Weise, die dem Temperament nach mit den Rechabitern und den Essenern zwar manches gemeinsam hat, aber dennoch der ihren gänzlich entgegengesetzt ist. Diese entfliehen in der Tat, wenn sie der Zivilisation entfliehen, zugleich der Geschichte. Die Wüste stellt sie an den Rand der historischen Existenz des Judentums, und es ist in der Tat bemerkenswert, daß die Essener, deren Lehre immerhin in allen Punkten der jüdischen Orthodoxie entsprach und sie sogar noch verschärfte, nicht innerhalb des jüdischen Volkes weitergelebt haben. Sie hatten etwas aufgegeben, worin die biblischen Propheten ganz im Gegenteil das Wesentliche des Wüstenthemas sahen: die innige und unzerreißbare Verbindung von jüdischer Religion und jüdischer Geschichte. In die Wüste zurückzugehen, bedeutete für die Propheten nicht, die innere Reinheit, sondern die heilige Geschichte wiederherzustellen. Wenn die Geschichte an eine Mauer stößt, wenn sie zum Scheitern führt, erlaubt die Wüste, aus der Sackgasse zu kommen, sich einen Ausweg zu erkämpfen. Hosea und Jeremias drücken diesen Gedanken in der Sprache der ehelichen Symbolik aus: in der Wüste, wo einst die Verlobung zwischen Gott und Israel gefeiert wurde, findet das durch grausamen Verrat getrennte und auseinandergerissene Paar zum feierlichen Bund und zu dem starken Verlangen zurück, wieder ein gemeinsames Leben zu gewinnen. Hesekiel greift wörtlich auf die Ausdrücke der heiligen Kosmographie des Pentateuch zurück und spricht von der «Wüste der Völker». Dort, in dieser Wüste, die weder exotisch noch abgelegen ist, sondern wie ein Mittelpunkt mitten unter den Völkern liegt, wird Israel in einem neuen, unerbittlichen Gegenüber den Sinn seiner Auserwählung und seines Nicht-wie-die-anderen-seins im Reiche Gottes begreifen:

«Dazu, was ihr gedenkt ‹Wir wollen tun wie die Heiden und wie andere Leute in den Ländern, Holz und Stein anbeten›, – das soll euch fehlschlagen. So wahr ich lebe, spricht der Herr Herr, ich will über euch herrschen mit starker Hand und ausgestrecktem Arm und mit ausgeschüttetem Grimm. Und will euch bringen in die Wüste der Völker und daselbst mit euch rechten von Angesicht zu Angesicht. Wie ich mit euren Vätern in der Wüste bei Ägypten gerechtet habe, ebenso will ich mit euch rechten, spricht der Herr Herr.» (Hes. 20, 32–36)

Es ist interessant, daß die Propheten nicht allein den Begriff der Wüste im mosaischen Sinn verstanden haben, sondern ebenso den Ritus, der diese Idee im Pentateuch zum Ausdruck bringt. Wenn das Passah in der Tat den Augenblick des Auszugs aus Ägypten gegenwärtig setzt, setzt das Laubhüttenfest den Zug durch die Wüste gegenwärtig (Lev. 23, 33–34). Jedes Jahr verlassen die Juden acht Tage lang ihr festes, «von Menschenhand gezimmertes» Dach, wohnen unter Laub und werden wieder ganz Nomaden.

Nomaden oder: Menschen; denn obgleich das Laubhüttenfest seit dem Altertum den Willen einschloß, auf die Werte des Nomadentums nicht zu verzichten, ist es nichtsdestoweniger bezeichnend, daß man sehr bald den historischen Wüstensinn mit ihm verband. Wenn es einen Propheten gibt, für den die zentrale Bedeutung Israels und Jerusalems zu den Grundtatsachen der Geschichte gehört, so ist es gewiß Sacharja: *Also werden viele Völker und die Heiden in Haufen kommen, zu suchen den Herrn Zebaoth in Jerusalem ... Zu der Zeit werden zehn Männer aus allerlei Sprachen der Heiden einen jüdischen Mann bei dem Zipfel ergreifen und sagen: Wir wollen mit euch gehen, denn wir hören, daß Gott mit euch ist.* (8, 22–23) Nun erweitert Sacharja im vierzehnten Kapitel seiner Prophetie dieses Kreisen um den Juden zu einer kosmischen Eschatologie und verlegt deren Gesetzlichkeit in die Riten des Laubhüttenfestes. Es ist die letzte Auferstehung des Zuges durch die Wüste, und die Wüste nimmt nicht mehr Individuen, sondern Völker auf; nicht mehr die, die zu beten verlangen, sondern die, die nach dem Leben dürsten. Und auch der Talmud weiß, daß die siebzig Stiere, deren Opferung der Leviticus für das Laubhüttenfest vorschreibt, die Gegenwart der siebzig Nationen der Erde im Tempel zu Jerusalem, dem zentralen Heiligtum, symbolisieren. «Hätten die Völker die Bedeutung des Tempels begriffen», sagt Rabbi Jochannan, «so hätten sie ihn nicht zerstört, sondern mit eigenen Händen aufgebaut; dort wurde nämlich für sie das Opfer dargebracht.» In keinem Ritus ist die sakramentale Einordnung des auserwählten Volkes in einen universalen Heilsplan konkreter geworden als im Laubhüttenfest. Wenn Israels Bild von seiner besonderen Auserwählung passahlich ist, so trägt sein Bewußtsein von der allgemeinen Bedeutung dieser Auserwählung den Charakter des Laubhüttenfestes. Das Judentum der talmudischen Zeit orientiert sein Nachdenken über das Mysterium Israels vor allem am Thema der historischen Wüste, das schon die biblischen Propheten nachdrücklich vertieften. Die Zeit des

Die Plünderung des Tempels unter Titus

Talmud ist die Zeit des Exils, der Zerstreuung des jüdischen Volkes in die vier Winde der Erde. Noch heute befindet sich das Judentum in dieser dramatischen Situation; aber obgleich es inzwischen viele Entwicklungen gegeben hat, denn auf die Zeit des Talmud folgte die der mittelalterlichen Philosophie, darauf die Mystik der Renaissance und schließlich die Emanzipation der modernen Jahrhunderte: gleicht nichtsdestoweniger die geistliche Lesart der Elemente des Dramas noch immer derjenigen, welche die Zeugen der Zerstörung des Tempels und der Vernichtung des jüdischen Staates durch Vespasian und Titus im Jahre 70 vom ersten Augenblick an vertraten.

Für die Juden am Beginn des Exils war dieses keine unerwartete Katastrophe, der man sich plötzlich ohne jede geistige Vorbereitung ausgesetzt und ausgeliefert sah. Das Ereignis machte nur die Juden hilflos, die das «Geheimnis» ihrer Geschichte verleugnet hatten: Sad-

duzäer, die Israels Geschichte mit den konkreten, aber erstarrten Institutionen Tempel und Staat identifizierten; Essener, die sich gänzlich der Geschichte entzogen, um in immerwährender Betrachtung abseits zu leben; Ebioniten oder Judenchristen, die überzeugt waren, die menschliche Geschichte sei mit Jesus zu Ende gegangen, und nun zu der Einsicht gezwungen wurden, daß sie dennoch weiterging. Diese Realisten, Entronnenen und Verstörten wurden von der Katastrophe, der sie keinen Sinn zu geben wußten, dahingefegt. Aber die Masse der Juden, die palästinensischen Pharisäer und alle, die seit Jahrhunderten in Babylon oder am Mittelmeer in der Diaspora lebten, erklärten ihr Schicksal mit dem «Geheimnis» ihrer Geschichte, als deren Bewahrer und gleichzeitig treue Verbündete sie sich fühlten. Die Zerstreuung des auserwählten Volkes unter alle Völker brachten sie in Einklang mit der heiligen Kosmographie der mosaischen Thora. Sie machten aus dem Exil ein raumzeitlich vergrößertes Laubhüttenfest, das einen neuen Zug durch die Wüste der Völker verlangte. Der tiefe Ernst dieser Berufung zum Exil, zu einem Exil, dessen Ende man nicht absah, aber dem man sich zu stellen bereit war, und zwar bis an sein Ende, hätte sich nicht so strahlend erhalten können, wenn man nicht von Anfang an ein Thema der Wüste neu durchdacht hätte: das Thema der *Schechina*:

Diesen hebräischen Ausdruck, der aus dem pharisäischen Denken stammt, findet man vor dem Talmud in keinem der unzähligen jüdischen, apokalyptischen, hellenistischen oder essenischen Texte, wo wahrhaftig theologische Spekulationen nicht selten sind. Auch in der Bibel kommt er nicht vor, obgleich er unmittelbar biblischer Herkunft ist. Man muß sehr weit zurückgehen, wenn man auf ihn stoßen will, bis in die Wüste, wo der «Wohnsitz Gottes» durch die hebräische Wortwurzel schachan bezeichnet wird; *Schechina* ist einfach eine Ableitung davon. Im pharisäischen Glauben bedeutet *Schechina* Gott-im-Exil. So war die durch den W o h n s i t z bezeugte O f f e n b a r u n g nichts anderes als ein Exil Gottes, und in der Tat bezeichnet ein und dieselbe biblische Wurzel (galo) die Offenbarung und das Exil; der Wohnsitz des Herrn in der Wüste, mitten im Volke Israel, war ein Exil Gottes, ein Aufenthalt im Zelte unter den Hebräern, die selber in Zelten wohnten, ein göttliches Abenteuer, das sich dem menschlichen Abenteuer zugesellte. Und eben dieses Abenteuer begann seit dem ersten Augenblick der Diaspora von neuem. Israel geht ins Exil; Gott geht mit ihm; die *Schechina* ist der Gefährte Israels in der Wüste der Völker. Eine neue O f f e n b a r u n g beginnt: E x i l und O f f e n b a r u n g gehören zusammen. Es läßt sich denken, was für ein Kraftquell diese Auffassung ist und welche Bedeutung ihr zukommt. Bei jedem Teilchen des jüdischen Volkes im Exil wohnt die *Schechina;* auf jedem Stückchen Erde, das der Jude im Exil betritt, offenbart sich Gottes Gegenwart. Das Exil ist für Israel kein Gang nach außen, der das auserwählte Volk immer mehr vom Mittelpunkt seiner Auserwählung entfernt, das Exil ist für Israel eine Mission, und jeder Schritt in ihr verstärkt die Bande zwischen dem Juden und Gott, der ihn begleitet. Eine Mission des L e b e n s: das Weltall wäre amorph, wenn Israel nicht allgegenwärtig wäre und wie ein Herz den göttlichen Saft durch den kosmischen Organismus pumpte. Eine Mission der O r d n u n g; auf dem Zifferblatt der Jahrhunderte, wo jeder Strich eine andere menschliche Stunde bezeichnet, bezeichnet Israel die ewige Stunde Gottes. Und schließlich eine Mission der E r l ö s u n g, denn jedes Land, das der Jude im Exil erreicht, erreicht auch Gott, der ihn begleitet, und daher sät der Jude auf jedem Feld seiner Verbannung Körner aus, die eines Tages alle zusammen die göttliche Ernte auf der ganzen Welt sprießen lassen. Die Texte. die wir im folgenden zitieren, geben eine Vorstellung von der Mannigfaltigkeit der Mission im Exil, wie sie die Juden aller Zeiten und Richtungen bedenken und immer wieder bedenken.

Daß dieser Heilsplan der Erlösung durch das Leid des Exils im Christen vieles anklingen läßt; daß er dem jüdischen Volke vieles zuschreibt, was im christlichen Heilsplan Jesus zukommt; daß diese geistige Übereinstimmung durch eine andere ergänzt wird, die konkret und historisch ist, nämlich «daß das Leiden Israels immer deutlicher die Form des Kreuzes annimmt» (Jacques Maritain: «Raison et Raisons»), das sind Fragen, die sich dem Christen stellen. Für den Juden sind die Quellen dieses Heilsplans biblisch. Sieht nicht eine einwandfreie jüdische Exegese, die auf weit vorchristliche Zeiten zurückgeht, im Gottesknecht des dreiundfünfzigsten Kapitels Jesaja das Antlitz des jüdischen Volkes? Aber vor allem bietet die Wüste in der Thora Vorbilder, in denen das jüdische Volk mit Recht sein eigenes Schicksal erkennt.

Denn nicht allein das Motiv der Schechina hat das jüdische Denken in der Wüste gefunden, sondern noch andere, die alle auf Israels «Mysterium» weisen. Mit der Schechina hat sich das jüdische Volk in das Abenteuer der Erlösung begeben. Aber die Wege sind gefährlich; an allen Kreuzungen lauert Arglist. Wer ist nun dieser Feind, der Israel und damit der Menschheit und Gott den Weg versperrt? Der Antijude, der behauptet, er finde im Schicksal Israels nichts Geheimnisvolles, und von Jahrhundert zu Jahrhundert behauptet, es gebe eine Endlösung der Judenfrage? Das jüdische Denken nennt ihn Amalek; die Gestalten, die Nabuchodonosor, Haman, Titus, Torquemada, Chmielnicki und Hitler heißen, sind nichts als Reinkarnationen dieses Amalek, dieses Volkes, das als erstes Israel in der Wüste quälte (oder, nach einer genaueren Übersetzung: es seiner providentiellen Aura berauben wollte) (Ex. 17, 8–16; Deut. 25, 17–19); dieses Volkes, dem Moses einen ewigen Krieg erklärt (nach der traditionellen Interpretation von Exodus 17, 16: so lange es besteht, ist der Name Gottes und der Thron Gottes zerschmettert). Es ist bemerkenswert, daß die jüdische Typologie von Gut und Böse nicht Gott und Satan als Gegenspieler gewählt hat, sondern die Schechina und Amalek, die in der Wüste zum erstenmal einander gegenüberstanden.

Aber jenseits von Gut und Böse nährt die Erfahrung aus der Wüste noch immer das geheimnisvolle Exil des jüdischen Volkes. Wie

Jüdischer Märtyrer. Gemälde von Marc Chagall

der Zug durch die Wüste auf das Land gerichtet war, so bleibt die Eschatologie des Exils auf das Land gerichtet. Exil und Land stehen in einer Dialektik, die nicht bloß intellektueller Natur ist. Die dramatischsten Ereignisse der jüdischen Geschichte in der Diaspora bezeugen die existentielle Bedeutung dieser Dialektik. Es gab in der Tat in der Wüste die Verzagten und Verzweifelten, die vor der Eroberung zurückschraken und in der Wüste starben, während die Tapferen in das Land eindrangen; ferner gab es in der Wüste die Unentwegten, die selbst ohne Gott, selbst gegen Gott, den Angriff gegen Amalek wagten (Num. 14, 44–45), und die Geduldigen, die auf das Zeichen Gottes warteten; und ebenso spalten in der Wüste des Exils die messianisch entscheidenden Ereignisse das Lager Israels in die, die das Exil, und die, die das Land lieben. So geschah es bei den falschen Messiasgestalten, die in regelmäßigen Abständen in der jüdischen Geschichte auftraten: Bar-Kochba, David Reubeni, Sabbatai Z'vi und viele andere. Genauso verhält es sich in unseren Tagen mit der eschatologischen Bedeutung des Zionismus und der Errichtung des Staates Israel, die nur im Lichte dieser Dialektik der Wüste verständlich ist. Sicher wollte die Botschaft Theodor Herzls, wie Bialik bereits zu Beginn des Zionismus gezeigt hat, mit den «Toten der Wüste», mit den apathischen Opfern eines in Ägypten, Spanien, Polen, Kischinew (und bald darauf auch in Auschwitz) sinnlos erlittenen Schicksals brechen; sie rief die Juden auf, die erste Generation des Lebens und der Eroberung im Exil zu bilden. Aber Tod und Leben sind nicht die einzigen Elemente der Wahl; genaugenommen besteht das Problem nicht nur im Selbstmord oder Überleben eines Volkes, sondern im Scheitern oder Gelingen einer Mission. Die ersten zionistischen Pioniere waren vor allem Unentwegte: sie machten den heiligen Boden urbar ohne Gott, während die Mehrzahl der Gläubigen auf Gottes Zeichen wartete. Heute bebauen beide in einer gemeinsamen Bemühung das Heilige Land, haben dabei das starke Empfinden, daß sie ihre Mission erfüllen, und werfen denen vor, die noch in der Diaspora sind, daß sie das Land verschmähen und dadurch ihre Mission verraten. In Wirklichkeit sind auch die Juden, die das Land verschmähen, keine Verräter, wenn ihre Weigerung nicht dem Egoismus oder der Bequemlichkeit entspringt, sondern dem Bewußtsein ihrer Exilsituation. Der Staat Israel und die Diaspora sind die beiden Zweige der Dialektik des jüdischen Messianismus. Aber der Zweig des Exils neigt sich eines Tages dem des Landes zu, wird ihm aufgepfropft und kommt am Ende zur Blüte, denn die messianische Blume soll dem Land entsprießen. Auch gehen beide auf Wegen, die nur scheinbar auseinanderlaufen. Angesichts des Landes haben sie nur ein Gebet – das Gebet Mosis: *Laß mich hineingelangen!* Dieses Gebet, dieser Einsatz, von dem man weiß, daß er für die Ewigkeit gilt, und der trotzdem in diesem Augenblick geleistet werden muß, gibt dem jüdischen «Mysterium» etwas Erhebendes, das Juda Hallevi «die Freude des Exils» genannt hat und das mit der «Freude über den Messias» identisch ist, weil es zum Lande hinschaut.

Passah (Haggada von Sarajewo)

DIE JÜDISCHE TREUE ZU MOSES
SIEBEN THEMEN

1. Der Passah-Humanismus

Nach der jüdischen Auffassung steht der zentrale Gehalt des Exodus in der liturgischen Lesung des letzten Tages der Passah-Oktav: dem Kapitel über den weltumspannenden messianischen Frieden, Jesaja 11: *Die Wölfe werden bei den Lämmern wohnen und die Parder bei den Böcken liegen. Ein kleiner Knabe wird Kälber und junge Löwen und Mastvieh miteinander treiben. Kühe und Bären werden auf der Weide gehen, daß ihre Jungen beieinander liegen, und Löwen werden Stroh essen wie die Ochsen. Und ein Säugling wird seine Lust haben am Loch der Otter, und ein Entwöhnter wird seine Hand stecken in die Höhle des Basilisken. Man wird nirgends Schaden tun noch verderben auf meinem ganzen heiligen Berge, denn das Land ist voll Erkenntnis des Herrn, wie Wasser das Meer bedeckt.*

Dies ist «Der Traum des Ewigen Juden», den in der Passahnacht Edmond Fleg, der große jüdische Dichter unserer Tage, gestaltet hat.

Wach auf, wach auf! Schau! Siehe!
Auf allen Gipfeln, in allen Ebenen,
in allen umschlossenen Tälern, in allen klaffenden Buchten,
auf allen Inseln, in allen Ozeanen
ist der Tisch der Menschen bereitet.

Und über den Tisch aus dem Holz aller Wälder
hat man das Tischtuch der ganzen Welt gebreitet,
gewoben an allen Feuern, von denen der ganze Himmel funkelt.
Und der Tisch ist gedeckt und die Becher sind gesegnet,
und die Schöpfung ringsumher kommuniziert,
und siehe, unter den Tieren,
deren Leben überquillt,
schließt vor allen Menschen
der Wolf mit dem Lamm den Frieden der Welt.

Siehe, es kamen mit nackten, bemalten Rümpfen
die, deren Lippe schwarz ist...

Und siehe, daneben kauern
die, deren Schädel rot ist...

Und siehe, es kamen aus all ihren Zonen
die, deren Schädel gelb ist...

Und dort nun die, deren Angesicht weiß ist...

Erhebe dich, erhebe dich! Dein Platz ist leer in ihrer Mitte,
und rings um den unermeßlichen Tisch
sitzen sie mit glücklichen Gesichtern!
Schau: sie haben das Brot gebrochen!
Schau: sie haben den Wein erhoben!
Höre: sie haben in der Stille gebetet:

Das Heilige Abendmahl der Menschen – beginne!

2. Der Zauber der Buchstabentreue

Der Jude kennt vielerlei Arten, die Bibel zu lesen. Ich möchte einen
Vers zitieren, der recht kühl, ritualistisch oder veraltet erscheint, aber
auch drei Exegesen, die trotz ihrer sehr verschiedenen Herkunft aus
dem Rationalismus, der Mystik und der Historie bis in das göttliche
Geheimnis des Textes dringen.

Lev. 22, 28: *Es sei ein Ochs oder Schaf, so soll man's nicht mit
seinem Jungen auf einen Tag schlachten.*

«Es ist verboten, die Mutter und ihr Junges am gleichen Tag zu
opfern, damit wir uns hüten, das Junge vor den Augen seiner Mutter
zu erwürgen: das Tier erführe nämlich in diesem Falle einen allzu
großen Schmerz. Tatsächlich gibt es in dieser Hinsicht keinen Unterschied zwischen dem Schmerz, den der Mensch empfinden würde, und
dem des Tieres. Denn die Liebe und Zärtlichkeit einer Mutter zu ihren Kindern stammt nicht aus der Vernunft, sondern aus der Tätigkeit der Einbildungskraft, die die meisten Tiere ebenso wie der Mensch
besitzen ... Wenn die Thora bei den Tieren auf diesen Seelenschmerz
Rücksicht nahm, wie verhält sie sich erst den Menschen gegenüber?»
(Moses Maimonides: «Führer der Verirrten», III, 48; 12. Jahrh.)

«Der Grund dieses Verbotes kann nicht das Bestreben sein, dem
Tier einen seelischen Schmerz zu ersparen. Sonst hätte es genügt,
wenn die Thora vorschrieb, Mutter und Junges sollten an verschiedenen Orten geopfert werden. Aber das Verbot bezieht sich gerade nicht
auf den Raum, sondern auf die Zeit, den unteilbaren, zugleich irdischen und himmlischen ‹Tag›, der durch jeden Akt der Grausamkeit,
gleich welcher Art, einen unheilbaren Sprung bekommt. Die Einheit
des ‹Tages›, zu dessen Erschaffung sich Gott und die Menschen verbündet haben, kann nur durch die Tätigkeit der Liebe gerettet werden.» (Sohar, Kommentar über den genannten Vers; 12. Jahrh.)

«Als der Tempel zerstört war und sich auf den Straßen nach Babel Züge gefesselter, hungernder, gefolterter und halbtoter Juden da-
herschleppten und verschwanden, erhob sich Moses und sprach in Gottes Angesicht: ‹Herr der Welt, du hast in deiner Thora geschrieben:
‚Es sei ein Ochs oder Schaf, so soll man's nicht mit seinem Jungen
auf einen Tag schlachten.‘ – Und wie viele jüdische Kinder wurden
bereits mit ihren Müttern geschlachtet ... und Du schweigst!›» (Mi-
drasch Rabba über die «Klagelieder Jeremiae», Einleitung; 5. Jahrh.)

Die jüdische Bibellesung ist jedoch übereinstimmend bereit, auf jede Exegese jeder Art zu verzichten, denn für den Juden liegt der Geist des Verses in der Handlung, zu der er auffordert. Über diese These sind sich der mittelalterliche Philosoph und der Denker des zwanzigsten Jahrhunderts einig.

«Die Handlungen, die Gott vorschreibt, können von der Vernunft weder gebilligt noch verworfen werden. Wir unterwerfen uns dem göttlichen Willen, wie ein Kranker die Vorschriften seines Arztes anhört und befolgt. Ein Beispiel: die Beschneidung. Wie scheint sie sinnlos, unlogisch und ohne jede moralische und soziale Wirkung! Und dennoch hat sie Abraham unter den schwierigsten Umständen auf sich genommen, denn er war hundert Jahre alt; er hat sie seinen Kindern überliefert, und sie ist zum Zeichen der ewigen Begegnung zwischen Gott und den Kindern Abrahams geworden.» (Juda Hallevi: «Kusari», III, 7; Anfang des 12. Jahrh.)

«Ist der Inhalt der Bibel symbolisch? Ist die Art symbolisch, in welcher Gott den Menschen seinen Willen zu erkennen gab? Ist unser Gebet ein Symbol? Bitten wir Gott um eine symbolische Hilfe? . . .

Wer aus seinem ganzen Herzen, aus seiner ganzen Seele und aus allen seinen Kräften liebt, liebt nicht symbolisch. Man kann den Dienst

Q, der Anfangsbuchstabe von «Quabbala», der mystischste aller Buchstaben. Übrigens auch der Buchstabe, mit dem bei hebräischer Transkription der Name des Künstlers beginnt. (Abraham Krol)

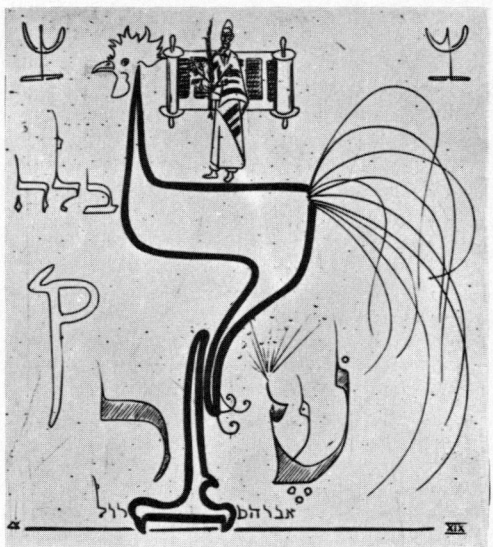

vor Gott nicht auf eine symbolische Haltung reduzieren. Die ‹Symbolisten› behaupten, nicht der wörtliche Sinn der Schrift sei wichtig, sondern wichtig seien die in der Bibel verborgenen geistigen Ideen. Demgegenüber besteht die jüdische Tradition darauf, man dürfe das biblische Gebot nicht seines schlichten und äußeren Sinnes berauben. Ohne die Wirklichkeit des nackten Wortes ist der Geist nur ein Phantom. Sogar die jüdischen Mystiker, die die allegorische Bedeutung der Schrift erforschen und meinen, der verborgene Sinn stehe über dem offenen und äußeren, betonen ständig, trotz allem liege das Geheimnis der Bibel im Buchstaben... Religiöse Observanz ist mehr als eine Gegenüberstellung des Menschen mit einer Idee. Nur in der Tat bewährt sich der Mensch vor Gott.» (Abraham Heschel: «Man's Quest for God», New York 1954)

3. Die Unmittelbarkeit

Wollten wir dieses Thema wie die früheren von Moses aus behandeln, so fiele es uns schwer, auch nur den kleinsten Text zu finden. Und das ist selbstverständlich. Wenn nämlich in der jüdischen Literatur ein einziges Wort den Gedanken nahelegte, Moses wäre etwas anderes gewesen als ein Mensch unter Menschen, dann hätte dieses Thema keinen Sinn mehr.

In der Tat meint man im Judentum, die Begegnung Gottes mit dem Menschen geschehe unmittelbar. Sogar Moses, der größte unter den Propheten, wollte, konnte und mochte sich niemals zwischen Gott und die Menschen stellen.

Daher ist in der jüdischen Liturgie bisweilen ein eindrucksvolles Schweigen entscheidender als tausend Erwähnungen Mosis. In wesentlichen Augenblicken der Liturgie läßt die Synagoge bewußt den Namen Mosis aus, um zu verhindern, daß eine fromme Verehrung aus diesem «bescheidenen Mann», der freilich an der Grenze des Menschlichen stand, einen Übermenschen oder einen Mittler macht.

Die Synagoge sagt: Gott Abrahams, Isaaks und Jakobs. Aber sie sagt niemals: Gott Mosis.

Die Synagoge sagt nicht: Moses hat uns aus Ägypten erlöst, sondern: Gott allein. Der Name Mosis wird in der Passah-Haggada nicht einmal erwähnt.

Moses ist gestorben – wer stürbe denn nicht? ... Das ist der Schlußsatz einer liturgischen Elegie, die allen Menschen gerade dadurch, daß sie ihnen Moses wieder zugesellt, die Möglichkeit gibt, Gott von Angesicht zu Angesicht gegenüberzutreten.

Die Synagoge: Stätte der unmittelbaren Begegnung von Gott
und Mensch, an der die Eltern den Kindern den Segen geben
(Haggada von Sarajewo)

4. Das Du

Der Jude gibt seiner Begegnung mit Gott nicht nur den vertrau-
lichen Ton einer alten Bekanntschaft, sondern den fordernden Ton
eines Mannes, der weiß, daß er mit dem Lebendigen Gotte spricht:
er nennt ihn Du. Hat nicht Gott in der Thora Israel Du genannt,
als Er ihm befahl, auf ewig Sein Wort zu achten? Und Du, Gott,

Moses, Mirjam und das Volk singen das Danklied

was säumst Du noch, Dein Wort zu erfüllen? Hier und jetzt, in den vier Ellen und in dem Augenblick meines jüdischen Daseins, sagt der chassidische Rabbiner aus Berditschew (18. Jahrh.), erwarte ich die Erlösung:

Guten Tag, Herrscher des Weltalls.
Ich, Levi Isaak, Sohn der Sarah, aus Berditschew,
ich trete vor Dich hin und spreche.
Ich vertrete Dein Volk Israel.
Was ist zwischen Dir und Israel?
Bei jeder Gelegenheit wurde gesagt: «Befiehl den Kindern Israel!»
Bei jeder Gelegenheit wurde gesagt: «Sprich zu den Kindern Israel!»
Barmherziger Vater, wie viele Völker gibt es auf der Welt?
Perser, Babylonier, Römer . . .
Was sagen die Russen?
Ihr Kaiser ist der Kaiser . . .
Was sagen die Deutschen?
Ihr Reich ist das Reich.
Und ich, Levi Isaak, Sohn der Sarah, aus Berditschew, ich sage:
Der Name Gottes sei gelobt und geheiligt . . .
Und ich, Levi Isaak, Sohn der Sarah, aus Berditschew, ich sage:
Ich rühre mich nicht vom Fleck, ich verlasse diese Stelle nicht,
bis das Ende kommt,
bis das Ende des Exils kommt:
Jitgadal wejitqadasch Schemej rabba . . .
Gelobt und geheiligt sei der Name Gottes . . .

5. Gottes Exil

Hier auf der Erde spielt sich das religiöse Schicksal des Menschen in seiner ganzen Fülle ab. Denn hier ist nicht allein der Aufenthalt des Menschen, sondern auch der Wohnsitz Gottes. Die Welt des Bundes braucht sich nicht zu verdoppeln oder über sich hinauszuwachsen, um an das Metaphysische zu reichen; sie trägt ihre «Metaphysik» in sich selber. Und wie einst Gott in der Wüste mitten unter seinem Volk und damit im Mittelpunkt der Welt gewohnt hat, lebt auch bei Israels *Schechina* die *Schechina* mitten unter denen im Exil.

«Der eigentliche Wohnsitz der Schechina ist auf der Erde. Die sieben aufeinander folgenden Sünden Adams, der Generation Henochs, der Menschen der Sintflut, des Turms zu Babel, der Ägypter zur Zeit Abrahams, der Sodomiten und der Ägypter zur Zeit Mosis haben sie bis in den siebenten Himmel vertrieben. Aber die Verdienste Abrahams, Isaaks, Jakobs, Levis, Kahats, Amrams und schließlich Mosis brachten sie wieder zurück auf die Erde.» (Pessikta 1, 2)

Halleluja! Lobet, ihr Knechte des Herrn, lobet den Namen des Herrn!
(Psalm 113, 1) (Haggada von Mantua, 16. Jahrh.)

Mein Freund ist mein, und ich bin sein.
Er ist mein Gott und ich bin sein Volk.
Er ist mein Vater und ich bin sein Kind.
Er ist mein Hirt und ich bin seine Herde.
Er besingt mich und ich besinge ihn.
Er verkündet meine Einzigkeit und ich verkünde seine.
Wenn ich etwas brauche, bitte ich ihn,
und wenn er etwas braucht, bittet er mich,
denn es steht geschrieben: Sprich mit den Kindern Israel,
sage den Kindern Israel, daß sie dieses tun – um meinetwillen,
daß sie jenes tun – um meinetwillen!
Wenn ich in Bedrängnis bin,
komme ich zu Ihm,
und wenn Er in Bedrängnis ist,
kommt Er zu mir,
denn es steht geschrieben: Ich bin mit meinem Volk in der Bedrängnis.
                        (Midrasch Rabba zum «Hohen Lied», 2, 16)

6. Die Verantwortung Israels

Eine Mission des Lebens in den Jahrhunderten des Leidens; Israel,
das Herz der Menschheit, der leidende Gottesknecht, der mit den
Krankheiten aller beladen ist und es gerade dadurch Gott ermöglicht,
sich auf Erden zu offenbaren: das schreibt wörtlich Juda Hallevi im
zwölften Jahrhundert in seinem «Kusari» (11, 44). Aber hat Israels
Isolierung in den Jahrhunderten der Toleranz, der Emanzipation und
der Brüderlichkeit noch einen Sinn? Ja, antwortet im neunzehnten
Jahrhundert Samson Raphael Hirsch in einem Text, der die nonkon-
formistische, ewig prophetische und ewig protestierende Mission des
Juden zusammenfaßt.

«Hat das Judentum jemals in seine Zeit gepaßt? Kann das Judentum jemals in seine Zeit passen? Konnte es in eine passen? Kann es einmal hineinpassen?

Paßte Abraham in seine Zeit, als ihn der Herrscher seines Landes in den Schmelzofen Chaldäas warf, weil er die Götzenbilder seiner Zeit zerschmettert hatte? Paßten unsere Väter in ihre Zeit, als sie den Ägyptern zum Schimpf wurden, jahrhundertelang ihren Nacken unter das Joch der Sklaverei beugen und ihre Säuglinge im Nil ertränken mußten? Paßte Daniel in seine Zeit, als er sich in der babylonischen Knabenschule von den Gewächsen des Feldes ernährte und lieber sein Leben dem Rachen der Löwen aussetzte, als daß er auf das Gebet verzichtete, das er nach der Sitte unserer Väter dreimal am Tage mit nach Jerusalem gekehrtem Antlitz sprach? Paßten die Makkabäer in ihre Zeit, als sich ihre heldenhafte Kühnheit dem Eindringen griechischer Sitte und Kultur widersetzte? Paßten die Jünger Hillels und der Sohn Sakkais in ihre Zeit, als die Römer das Königreich Judäa mit dem Schwert zerstörten, den Tempel zu Jerusalem niederrissen, die Kinder Juda auf die Schlachtbank oder auf den Sklavenmarkt führten oder sie zur Augenweide eines Fürsten den wilden Tieren vorwarfen? ... Und paßte später im Laufe der Jahrhunderte dieses Judentum in seine Zeit, um dessentwillen in jeder Gegend und zu jeder Zeit unsere Väter die schändlichste Unterdrückung, die schimpflichste Verhöhnung und den Tod in tausend Formen erduldeten? Paßte das Judentum in allen diesen Jahrhunderten in seine Zeit? Entsprach es den Auffassungen der Zeitgenossen, setzte es sich nicht der Gefahr aus, mißverstanden oder verkannt zu werden, und fand man damals, daß es bequem und leicht war, ein Jude zu sein? – Aber es sollte die Pflicht des Juden sein, mit seinem Jahrhundert zu leben?

Was wäre aus dem Judentum geworden, wenn es unsere Väter für ihre Pflicht gehalten hätten, sich nach dem Bilde ihres Jahrhunderts zu gestalten? Wenn in Ägypten die Weisheit der Meroëpriester, in Babylon die Melyttamysterien, in Persien die Magie Zoroasters, in Griechenland die eleusinischen Mysterien oder die Sagen vom Olymp, oder wenn die jeweils in Alexandrien oder in Rom modernen philosophischen Systeme, die Quintessenz aller Meinungen und Religionen, die Lehren der Druiden in Gallien oder die der Klöster und Mönche im Mittelalter, jeweils der Maßstab der Reformen gewesen wären, denen sich das Judentum unterzog, und wenn unsere Glaubensbrüder noch heute, um dieser neuen Lehre zu folgen, ihr Judentum überall reformierten, indem sie es in jedem Land und unter jedem Klima den Gewohnheiten und Ideen ihrer Landsleute anpaßten? Wechseln denn nicht die Meinungen, Gewohnheiten und Bedürfnisse von Land zu Land und von Jahrhundert zu Jahrhundert? Ist es sinnvoll, die jüdische Religion, die mehr als jede andere dazu bestimmt ist, durch alle Länder und alle Jahrhunderte zu irren? Und wir müssen dafür sorgen, daß sie in unser Jahrhundert paßt?

Daß das Judentum die isoliert, die sich zu ihm bekennen, und sie den oberflächlichen Menschen eines jeden Jahrhunderts als einem anderen Jahrhundert zugehörig erscheinen läßt, ist eine von Anfang an in der Bibel klar festgelegte Tatsache, und es bedurfte der Neuzeit nicht, um eine so überraschende Entdeckung zu machen. Und dennoch ist diese Isolierung nur ein Schein, und kein anderer Glaube ist mehr als der jüdische dazu bestimmt, seine Anhänger mit einer allumfassenden Liebe zu erfüllen und ihnen einen Geist, ein Herz zu geben, dem nichts Menschliches auf dieser weiten Erde fremd ist, ihnen eine glühendere aktive Sympathie für jedes menschliche Leid, für jeden menschlichen Fortschritt einzuflößen und sie noch auf den dunkelsten Umwegen der Geschichte den göttlichen Schritt der ewigen Vorsehung vernehmen und begrüßen, noch auf dem Grabe der aller Verderbnis ausgelieferten Moral das Hoffnungsbanner der unausweichlichen Rückkehr zu Gott hissen zu lassen – denn die ganze Kraft dieses Glaubens besteht gerade darin, daß er jedem die Überzeugung bringt, daß alle, alle Menschen mit Israel auf dem Wege zum Reiche Gottes auf Erden sind, zu einem Reich, wo überall die Wahrheit und die Liebe, das Recht und die Heiligkeit wohnen werden. Betrachtet Abraham, diesen ersten isolierten Juden auf Erden. Hat seine Vereinsamung je ihresgleichen gesehen? Er ist allein, einzig in seiner Art, von allen getrennt; er steht im Widerspruch zu seinem Jahrhundert, zu seinem ganzen Jahrhundert; und doch, in seiner Brust welch ein Herz voll Bescheidenheit, voll Sanftmut, voll allgemeinen Mitleids, voll Liebe zu allen, selbst den Verderbtesten seiner Zeit! Gottes Urteil will sich über Sodom und Gomorrha vollstrecken, den Kloaken einer nie dagewesenen Verderbnis – und was tut Abraham? Er betet für Gomorrha, er betet für Sodom!... Gott hat kaum mit ihm und seinen Nachkommen jenen Pakt geschlossen, der ihn von der

Abraham, die Sterne zählend.
Verona, San Zeno

*Der Neujahrs-Schofar erinnert Israel an
seine Verantwortung (Handschrift des 15. Jahrh.)*

ganzen Menschheit isoliert, da steht bereits Abraham vor seinem
Zelt in der Abendröte und spricht die müden Wanderer, die vorüber-
ziehen, die Fremden und die Götzendiener an, um sie in sein Heim
zu laden, um allen Menschen, wer sie auch seien, sein Mitleid, seine Güte, seine allumfassende göttliche Liebe zu schenken.

Was Wunder? War nicht dieser Universalismus, diese aktive Liebe
zu allem, was menschlich ist, gerade das Wesen und das Ziel, die Ur-
sache und der Sinn seiner Isolierung? Hatte nicht gerade dieser Universalismus Abraham isoliert? ... Und er ist das Symbol des Judentums geblieben; Abraham war um der Menschheit willen einsam,
und um der Menschheit willen muß das Judentum seinen einsamen
Weg durch die Zeiten fortsetzen ... bis zu dem Tage, da ‹die Wölfe
bei den Lämmern wohnen und die Parder bei den Böcken, da Kühe
und Bären auf der Weide gehen und Löwen Stroh essen wie die Ochsen; da man nirgend Schaden tun wird noch Verderben auf dem ganzen heiligen Berg, denn das Land wird voll Erkenntnis des Herren
sein, wie Wasser das Meer bedeckt›. Dann erst, wenn die Zeit zu Gott
paßt, paßt auch Israel zu seiner Zeit.»

Die ersten Schöpfungstage (Haggada von Sarajewo)

7. Die allgemeine Erlösung durch Israels Einzigkeit

«Vom ‹Gott unserer Väter› zum ‹Gesetz› schlägt die jüdische Mystik eine ganz eigene Brücke. An Stelle des allgemeinen Schöpfungsbegriffs setzt sie den der geheimen Schöpfung ... Die geschaffene Welt ist da selber voll geheimer Beziehungen aufs Gesetz. Das Gesetz ist nichts, was dieser Welt fremd gegenübersteht, sondern nur der Schlüssel zu jenen Rätseln der Welt; in seinem offenen Wortlaut ist ein verborgener Sinn versteckt, der eben nichts ausspricht als das Wesen der Welt, also daß das Buch des Gesetzes dem Juden gewissermaßen das Buch der Natur oder etwa auch den gestirnten Himmel, an dem die Menschen von einst das Irdische in verständlichen Zeichen ablesen zu können meinten, ersetzen kann. Das ist der Grundgedanke unzähliger Legenden, mit denen sich das Judentum die scheinbar enge Welt seines Gesetzes zur ganzen Welt erweitert und andererseits in diese Welt, eben weil es sie in seinem Gesetze vorgezeichnet findet, schon die künftige hineinschaut. Alle Mittel der Auslegung werden herangezogen... aber mögen sie auch mitunter dem ungewohnten Betrachter sonderbar und sogar lächerlich erscheinen, so ist ihr Sinn doch kein anderer als der, daß zwischen den jüdischen Gott und das Gesetz die ganze Schöpfung eingeschaltet wird und dadurch beide, Gott wie sein Gesetz, sich als so allumfassend erweisen – wie die Schöpfung.

Zwischen dem ‹Gott unserer Väter› und dem ‹Rest Israels› schlägt die Mystik ihre Brücke mit der Lehre von der Schechina... Gott gibt sich weg an sein Volk, er teilt sein Leiden mit, er zieht mit ihm in das Elend fremder Länder, er wandert mit seinen Wanderungen. Und wie in jenem Gedanken, daß die Thora vor der Welt und die Welt andererseits um der Thora willen geschaffen sei, das Gesetz für das jüdische Gefühl mehr geworden war als bloß das jüdische Gesetz und wirklich als ein Grundpfeiler der Welt empfunden werden konnte... so kommt auch der Stolz des ‹Restes Israels› jetzt in der Vorstellung von der Schechina zu allgemeiner Bedeutung. Denn die Leiden dieses Rests, das ständige Sichscheiden- und Sichausscheidenmüssen, das alles wird jetzt zu einem Leiden um Gottes willen... Der Gedanke der Irrfahrt der Schechina, des in die Welt Verstreutseins der Funken des göttlichen Urlichts, wirft zwischen den jüdischen Gott und den jüdischen Menschen die ganze Offenbarung und verankert dadurch beide, Gott wie den Rest, in die ganze Tiefe der – Offenbarung. Was in der Mystik der Schöpfung durch jene Vielbedeutsamkeit und Vieldeutsamkeit des Gesetzes geschah, die Erweiterung des Jüdischen zum Allgemeinen, das geschieht in dieser Mystik der Offenbarung durch das tiefsinnige Verständnis, daß in Gottes Selbsthingabe an Israel ein göttliches Leiden, das eigentlich nicht sein dürfte, ahnt und in Israels Selbstabscheidung zum Rest ein Wohnungwerden für den verbannten Gott. Eben dieses göttliche Leiden kennzeichnet das Verhältnis zwischen Gott und Israel als ein enges, ein zu Geringes: Gott selbst, indem er sich... Israel ‹verkauft› und sein Schicksal mitleidet, macht sich erlösungsbedürftig. Das Verhältnis zwischen Gott und dem Rest weist so in diesem Leiden über sich selbst hinaus.

Die Erlösung aber – sie müßte nun geschehen in dem Verhältnis des ‹Rests› zum ‹Gesetz›. Wie wird dies Verhältnis gedacht? Was bedeutet dem Juden die Erfüllung des Gesetzes? Was denkt er sich dabei? Weshalb erfüllt er's? Um des himmlischen Lohnes willen? Seid nicht wie Knechte, die ihrem Herrn um Lohnes willen dienen. Um der irdischen Befriedigung willen? Sprich nicht: Ich mag kein Schweinefleisch; sprich: ich möchte es wohl, aber mein Vater im Himmel hat es mir verboten. Sondern der jüdische Mensch erfüllt die unendlichen

Bräuche und Vorschriften ‹zur Einigung des heiligen Gottes und seiner Schechina›. Mit dieser Formel bereitet er ‹in Ehrfurcht und Liebe›
sein Herz, er, der Einzelne, der Rest ‹im Namen ganz Israels›, das
Gebot, das ihm gerade obliegt, zu erfüllen. Die in zahllose Funken
in alle Welt zerstreute Gottesherrlichkeit, er wird sie aus der Zerstreuung sammeln und zu dem seiner Herrlichkeit Entkleideten der-
einst wieder heimführen. Jede seiner Taten, jede Erfüllung eines Gesetzes vollbringt ein Stück dieser Einigung. Gottes Einheit bekennen – der Jude nennt es Gott einigen. Denn diese Einheit, sie ist,
indem sie wird, sie ist Werden zur Einheit. Und dies Werden ist auf
die Seele und in die Hände des Menschen gelegt. Der jüdische Mensch
und das jüdische Gesetz – zwischen beiden spielt sich da nicht weniger ab als der gott-, welt- und menschumfassende Vorgang der Erlösung ... Alles Engste hat sich zum Ganzen, zum All erweitert, nein
besser: zur Einung des Einen erlöst. Der Niederstieg ins Innerste ent-
hüllte sich als ein Aufstieg zum Höchsten. Das Nurjüdische des Gefühls verklärt sich zur welterlösenden Wahrheit. In der innersten
Enge des jüdischen Herzens leuchtet der Stern der Erlösung.»
(Franz Rosenzweig: «Der Stern der Erlösung», 1921)

Rabbi Gamliel lehrt die Thora (Haggada von Sarajewo)

RELIGIONSGESCHICHTE	DIE GROSSEN GESTALTEN

Biblische Epoche

15. oder	Auszug der Israeliten aus Ägypten	Moses
13. Jhd. v. Chr.	Richterstand und Königtum	Josua, David, Salomo
	Die Propheten	Elias, Amos, Jesajas,
	Die Priester	Jeremias, Hesekiel
5. Jhd. v. Chr.	Vollendung der Bibel	Esra, Nehemia

Epoche des zweiten Tempels

etwa 444 v. Chr.	Die Schriftgelehrten. Die Große Synagoge	Simon der Gerechte
	Der Hellenismus und der hasmonäische Widerstand	Ben Sirach
		Judas Makkabäus
	Jüdische Bekehrungsversuche in der Mittelmeerwelt: die Septuaginta	
	Die Geistesrichtungen: Sadduzäertum, Essenertum (Handschriften des Kumran), Pharisäertum (Lehre von der mündlichen Überlieferung), hellenistische Philosophie, apokalyptischer Messianismus (Beginn des Christentums)	Die Gesetzeslehrer Hillel, Schammai Rabbi Gamliel Philo von Alexandria
70 n. Chr.		Jesus, Kephas/Petrus, Saulus/Paulus

Diaspora: Babylonisches Zentrum

70 n. Chr.	Der palästinische Talmud	Rabbi Jochannan Ben Sakkai
	Der babylonische Talmud	
	Die homiletische, ethische, philosophische und mystische Literatur des Midrasch	Rabbi Akiba Rabbi Judas der Heilige Rabbi Meïr
	Die Lehrer des talmudischen Denkens: Tannaïm, Amoraïm, Saboraïm, Gaonim	Rab und Samuel Rava und Abbaya
9. Jhd. n. Chr.	Absonderung der Karäer	

Diaspora: Westliches Zentrum

9. Jhd.	Spanien: Goldenes Zeitalter der Theologie, Philosophie, Dichtung und Mystik	Saadja Salomo Ibn Gabirol Bahya
	Anfänge der Kabbala: der Sohar	Juda Hallevi, Maimonides, Nachmanides
16. Jhd.	Frankreich und Rheinland: Goldenes Zeitalter der biblischen und talmudischen Exegese	Raschi und die Tossafisten
	Die religiösen Gründe der Verfolgung: Messianische Auffassung von der Berufung Israels	Gerschom Ben Judas Meïr von Rothenburg David Reubeni, Joselmann von Roesheim

POLITISCHE EREIGNISSE	WELTGESCHICHTE
Eroberung von Kanaan gegen 1000 v. Chr.: Höhepunkt des Königreichs 586 v. Chr.: Sturz des ersten Tempels Babylonische Gefangenschaft 516 v. Chr.: Rückkehr nach Palästina, Restauration	Ägypten Phönizien Assyrien und Chaldäa: Nebukadnezar Die Perser: Kyros
	Teilung des Reiches durch Alexander d. Gr. Vorherrschaft des Hel- lenismus
165 v. Chr.: Hasmonäischer Aufstand Wiedereroberung der politischen Unabhängigkeit 63 v. Chr.: Pompejus zieht in Jerusalem ein 40 v. Chr.: Herodes	Das römische Kaiser- reich
6 n. Chr.: Palästina wird römische Provinz	Augustus, Tiberius
67—70 n. Chr.: Krieg und Zerstörung des zwei- ten Tempels	Vespasian, Titus
135 n. Chr.: Aufstand und Niederlage des falschen Messias Bar-Kochba 537: Edikte des Justinian: Verlust der bürgerli- chen Rechte und der religiösen Freiheit 641: Bekehrung der Chasaren zum Judentum	Hadrian Babylonien: Reich der Parther Entstehung des arabi- schen Reiches. Erobe- rung Babylons, dann des Mittelmeerraumes (Spanien)
Die Kreuzzüge: Jüdisches Blutbad Anschuldigungen des Ritualmordes 1290: Vertreibung der Juden aus England 1394: Vertreibung der Juden aus Frankreich	Oberherrschaft der Kir- che in Westeuropa
Allmählicher Rückzug der Araber aus Spanien Inquisition	Oberherrschaft des Is- lam im Mittelmeerraum
1492: Vertreibung der Juden aus Spanien	

Diaspora: Östliches Zentrum

16. Jhd.	Studium des Talmud in Polen und Rußland	Moses Isserles Isaak Luria
	Der mystische Messianismus von Safed	Joseph Karo
	Die messianische Bewegung um Sabbatai Z'vi	Israel Baal-Schem
	Die volkstümliche Mystik des Chassidismus in Polen	Elias Wilna Manasse Ben Israel
	Fortschreitende rationalistische Renaissance in Holland, Italien,	M. Ch. Luzzato
18. Jhd.	Deutschland	Moses Mendelssohn

Das Zeitalter der Emanzipation

	Die religiöse Emanzipation:	Nachman Krochmal
	Die Haskala. Die Assimilation.	Heinrich Heine
	Die Richtungen: Liberalismus,	Abraham Geiger
	Konservativismus, Orthodoxie	S. R. Hirsch
	Die Wissenschaft des Judentums	Leopold Zunz
19. Jhd.	Der doktrinäre Antisemitismus	Heinrich Graetz
	Der Zionismus	Theodor Herzl
	Die Illusion eines allgemeinen	Hermann Cohen
	Fortschritts	Elias Benamosegh
		Moses Montefiore
		Aimé Pallière
		Achad Haam, Ch. N. Bialik, Franz Rosenzweig, Jakob Gordin

Das Dritte Reich und der Staat Israel

	Die Tragödie der Einsamkeit	
	Die menschliche Solidarität wird auf die Probe gestellt	Sechs Millionen Märtyrer
20. Jhd.	Die Probleme des jüdischen Staates: Diaspora und Zentrum	
	Die jüdische Verwundbarkeit	
	Die Gewissensprüfungen	

Starke Ansiedlung in Polen und Rußland Palästina wird türkisch Entwicklung der Gemeinde in Holland	Reformation
1648: Anschluß der elsässischen Juden an Frankreich durch den Westfälischen Frieden 1657: Rückkehr der Juden nach England unter Cromwell Jüdisches Blutbad in Polen durch die Kosaken	Dreißigjähriger Krieg
Das Jahrhundert der Aufklärung bringt Reformen zugunsten der Juden (Friedrich II., Joseph II., Ludwig XIV.)	Vom Absolutismus zur aufgeklärten Monarchie
1792 Emanzipation der Juden in Frankreich durch einen Beschluß der Nationalversammlung Emanzipation der Juden in Holland (1796) und in den übrigen west- und mitteleuropäischen Ländern zwischen 1848 und 1870 1807: Einberufung des Großen Sanhedrins durch Napoleon I.	Französische Revolution Napoleon I.
1840: Der Ritualmord von Damaskus 1860: Der Fall Mortara. Gründung der «Alliance Israélite Universelle» in Frankreich 1882: Beginn der systematischen Judenverfolgungen in Rußland 1897: Während des Dreyfus-Prozesses: Erster Zionister-Kongreß in Basel 1913: Beilis-Prozeß: Anklage wegen Ritualmordes	Die Vereinigten Staaten von Amerika: Zufluchtsland der Emigranten
1917: Balfour-Erklärung: Errichtung einer nationalen Heimstätte der Juden in Palästina	Erster Weltkrieg
1933: Machtergreifung Hitlers 1936: Rassengesetze von Nürnberg 1939—1945: Konzentrationslager von Auschwitz, Maydanek, Bergen-Belsen, die speziell für die Juden bestimmt sind. Liquidierung der Juden in Europa 1943: Gettoaufstand in Warschau 1945—1948: Englische und internationale anti-zionistische Politik	Zweiter Weltkrieg
1948: Gründung des Staates Israel 1948—1949: Israelitisch-arabischer Krieg 1950—1954: Der Fall Rosenberg in den Vereinten Staaten. Der Fall Slansky und der Prozeß der Weißen Blusen im Sowjetbereich Verfolgung und Vertreibung der Juden in Ägypten	Der eiserne Vorhang

ZEUGNISSE

PHILO VON ALEXANDRIA

Man sagt ganz zutreffend, daß die Staaten nur dann zu günstigeren Verhältnissen fortschreiten können, wenn entweder die Könige Philosophen werden oder die Philosophen Könige . . . Moses wies in hohem Maße nicht nur diese Fähigkeiten, die des Königs und des Philosophen, in einer Person auf, sondern noch drei andere, von denen die eine auf dem Gebiete der Gesetzgebung sich bewegt, die zweite auf dem des Oberpriestertums und die letzte auf dem der Prophetie . . . denn dank der göttlichen Vorsehung wurde er König, Gesetzgeber, Oberpriester und Prophet und leistete in jedem dieser Ämter das Höchste.

Über das Leben Mosis. ca. 40 n. Chr.

TERTULLIAN

Der älteste Prophet war Moses. Er hat die Erschaffung der Welt, das Heranwachsen der Menschheit und sodann die Rache für die Gottlosigkeit jener Zeit, die gewaltige Sintflut, durch Sehergabe von der Vergangenheit bis zu seiner Lebenszeit dargestellt und darnach durch sein eigenes Wirken Vorbilder der Zukunft kundgemacht.

Apologetikum. ca. 198

KONSTANTIN DER GROSSE

Was könnte man vorbringen, was des Moses würdig wäre? Dieser hat das ordnungslose Volk zur Ordnung gebracht, ihre Seelen mit Gehorsam und Zucht geziert, statt der Knechtschaft ihnen die Freiheit verschafft, ihr finsteres Wesen in Frohsinn gewandelt und ihr Selbstbewußtsein so sehr gehoben, daß sie durch den allzu großen Umschlag ins gerade Gegenteil und durch den glücklichen Ausgang ihrer Unternehmungen allzu prahlerisch wurden. So sehr hat er an Weisheit alle übertroffen, die vor ihm gelebt hatten, daß auch die von den Heiden so gepriesenen Weisen und Philosophen Nacheiferer seiner Weisheit geworden sind.

Eusebius, Rede des Kaisers Konstantin an die Versammlung der Heiligen. ca. 324

AUGUSTINUS

Das Alte Testament vom Berge Sinai, das zur Knechtschaft gebiert, dient zu keinem andern Zweck, als Zeugnis zu geben vom Neuen Testament. Wer Moses anders liest, über dessen Herz liegt eine

Decke. Erst wenn man von ihm übergeht zu Christus, «wird die Decke weggenommen» ... Auch Moses hat Christus prophezeit im Zelt, im Priestertum und unzähligen anderen mystischen Vorschriften.

Vom Gottesstaat. ca. 426

MOSES MAIMONIDES

Die Prophetengabe unseres Lehrers Mose war von der der anderen Propheten wesentlich verschieden ... und aus dieser Erkenntnis allein ergab es sich als notwendige Folge, daß Mose uns zur Annahme des Gesetzes aufrufen mußte, da ein solcher Aufruf, wie ihn unser Lehrer Mose an uns hat ergehen lassen, weder vorher an irgendeinen Menschen noch nachher an einen unserer Propheten ergangen ist. Ebenso ist es eine Grundlehre unseres Gesetzes, daß außer ihm niemals ein anderes existieren wird, und demgemäß hat es unserer Ansicht nach nie ein Gesetz gegeben und wird nie eines geben außer dem einen, nämlich dem Gesetz Moses.

Führer der Unschlüssigen. ca. 1180

MARTIN LUTHER

So denn nun ein Gesetz, Lehre oder Rat eines Menschen helfen sollte, so würde es wahrlich Moses tun für alle andern Menschen auf Erden; denn es ist nicht ein solcher trefflicher, hoher Mann je gewesen, der da Gottes Wort hätte gepredigt, als eben Moses. Die andern Propheten sind alle seine Discipuli: Moses ist der Meister aller Meister, er ist die Quell und Brunn, daraus die anderen Propheten geflossen sind.

Auslegung des 6. Kapitels des Evangeliums Johannis. 1530

BARUCH DE SPINOZA

Moses ... hat aus der Offenbarung oder aus den ihm offenbarten Grundlagen die Art und Weise erkannt, wie das Volk Israel am besten in einem bestimmten Landstrich zu vereinigen sei, und wie sich eine ganze Gesellschaft bilden oder ein Reich errichten lasse, und weiter auch die Art und Weise, wie jenes Volk am besten im Gehorsam erhalten sei; er hat aber nicht begriffen und auch nicht offenbart bekommen, daß jene Art die beste sei, und ebensowenig, daß sich durch den allgemeinen Gehorsam des Volkes in jenem Landstrich das angestrebte Endziel erreichen lassen müsse. Darum hat er das alles nicht als ewige Wahrheiten, sondern als Vorschriften und Verordnungen aufgefaßt und als Gesetze Gottes vorgeschrieben. So kam es, daß er sich Gott als Führer, Gesetzgeber, König, als barmherzig, gerecht usw. vorstellte, während das doch alles Attribute bloß der menschlichen Natur sind, die von der göttlichen Natur völlig ferngehalten werden müssen.

Theologisch-politischer Traktat. 1670

Johann Georg Hamann

Die Prophezeiung der heiligen Schrift ist von keiner einzelnen oder menschlichen Auslegung. Es sind nicht Abrahams Werke und Moses Wunder und Israels Geschichte der Inhalt derselben; es betrifft keine einzelne Menschen, keine einzelne Völker, ja nicht einmal die Erde allein, sondern alles ist ein Vorbild höherer, allgemeiner, himmlischer Dinge. Wenn Moses den Willen gehabt hätte, auf seinen eigenen Antrieb wie ein Cäsar, wie ein Homer, zu schreiben, so dürften wir vielleicht nichts als eine Sammlung von Urkunden und einzelnen Nachrichten von ihm erwarten. Es ist nicht Moses, nicht Jesajas, die ihre Gedanken und die Begebenheiten ihrer Zeit in der Absicht irdischer Schriftsteller und Bücherschreiber der Nachwelt oder ihrem Volk hinterlassen haben. Es ist der Geist Gottes, der durch den Mund und den Griffel dieser heiligen Männer sich offenbarte.

Biblische Betrachtungen eines Christen. 1758

Johann Gottfried Herder

Einen Staat zu gründen, ist doch mehr als ein Gedicht; eine Republik zu errichten, mehr als eine Komödie. Der edle Moses, in aller Wissenschaft der Ägypter gelehrt und von Jugend auf fürs Beste seines Volks brennend – der Gott seiner Väter würdigte ihn, ihn zur Befreiung desselben gleichsam zu *zwingen,* und es mit einer Gesetzgebung und Einrichtung zu begaben, die für seinen Zustand die einzige war, und große Aussichten hatte. Alle seine Kenntnis ägyptischer Gesetze stand ihm bei; und doch drang er so sehr dahin, ägyptische Vielgötterei, politische Knechtschaft unter den Aberglauben, Handel und Üppigkeit zu vermeiden, ja so viel es an ihm lag, auf ewig zu untersagen. Er machte die Idee des einen wahren Gottes zum Grunde seiner Gesetzgebung und hat schon dadurch unendliches Gute auf die Welt gewirkt.

Vom Einfluß der Regierung auf die Wissenschaften und der Wissenschaften auf die Regierung. 1780

Friedrich Schiller

Die Gründung des jüdischen Staats durch Moses ist eine der denkwürdigsten Begebenheiten, welche die Geschichte aufbewahrt hat, wichtig durch die Stärke des Verstandes, wodurch sie ins Werk gerichtet worden, wichtiger noch durch ihre Folgen auf die Welt, die noch bis auf diesen Augenblick fortdauern. Zwei Religionen, welche den größten Teil der bewohnten Erde beherrschen, das Christentum und der Islamismus, stützen sich beide auf die Religion der Hebräer, und ohne diese würde es niemals weder ein Christentum noch einen Koran gegeben haben.

Die Sendung Moses. 1790

JOHANN WOLFGANG VON GOETHE

Nicht die Talente, nicht das Geschick zu diesem oder jenem machen eigentlich den Mann der Tat, die Persönlichkeit ist's, von der in solchen Fällen alles abhängt. Der Charakter ruht auf der Persönlichkeit, nicht auf den Talenten. Talente können sich zum Charakter gesellen, er gesellt sich nicht zu ihnen: denn ihm ist alles entbehrlich außer er selbst. Und so gestehen wir gern, daß uns die Persönlichkeit Mosis, von dem ersten Meuchelmord an, durch alle Grausamkeiten durch, bis zum Verschwinden, ein höchst bedeutendes und würdiges Bild gibt, von einem Manne, der durch seine Natur zum Größten getrieben ist.

Noten und Abhandlungen zu besserem Verständnis des West-
östlichen Divans. 1819

HEINRICH HEINE

Ich hatte Moses früher nicht sonderlich geliebt, wahrscheinlich weil der hellenische Geist in mir vorwaltend war, und ich dem Gesetzgeber der Juden seinen Haß gegen alle Bildlichkeit, gegen die Plastik, nicht verzieh. Ich sah nicht, daß Moses, trotz seiner Befeindung der Kunst, dennoch selber ein großer Künstler war und den wahren Künstlergeist besaß. Nur war dieser Künstlergeist bei ihm, wie bei seinen ägyptischen Landsleuten, nur auf das Kolossale und Unverwüstliche gerichtet. Aber nicht wie die Ägypter formierte er seine Kunstwerke aus Backstein und Granit, sondern er baute Menschenpyramiden, er meißelte Menschen-Obelisken, er nahm einen armen Hirtenstamm und schuf daraus ein Volk, das ebenfalls den Jahrhunderten trotzen sollte, ein großes, ewiges, heiliges Volk, ein Volk Gottes, das allen andern Völkern als Muster, ja der ganzen Menschheit als Prototyp dienen konnte: er schuf Israel! Mit größerm Rechte als der römische Dichter darf jener Künstler ... sich rühmen, ein Monument errichtet zu haben, das alle Bildungen aus Erz überdauern wird.

Geständnisse. 1854

MAXIM GORKI

... Ich fasse Moses nur als sozialen Reformator auf, und unter diesem Gesichtspunkt stelle ich mir auch ein Buch über ihn vor.

An Romain Rolland. März 1917

MARTIN BUBER

Zu dem Mose, der vor vielen Zeiten gewesen ist, tritt rechtmäßig der, der in vielen Zeiten geworden ist. Jenem dürfen wir uns durch unsere prüfende und sichtende Arbeit an den Texten nähern; dieser ist uns unmittelbar gegeben. Unser Blick muß beiden zugewandt sein, ohne sie zu vermengen: die Helle des Vordergrundes umfangen und in das Dunkel der Geschichtstiefe spähen.

Moses. 1946

BIBLIOGRAPHIE

1. Forschungsberichte

KELLER, CARL A.: Von Stand und Aufgabe der Moseforschung. In: Theologische Zeitschrift 13 (1957), S. 430–441

HERRMANN, SIEGFRIED: Neuere Arbeiten zur Geschichte Israels. In: Theologische Literaturzeitung 89 (1964), Sp. 813–824

SCHMID, HERBERT: Der Stand der Moseforschung. In: Judaica 21 (1965), S. 194–221

WILMS, FRANZ-ELMAR: Die Frage nach dem historischen Mose. Der Stand der Mose-Forschung. In: Theologische Quartalschrift 153 (1973), S. 353–363

2. Darstellungen und Untersuchungen zu Moses

PHILO VON ALEXANDRIA: De vita Mosis. [Griech.] In: PHILO ALEXANDRINUS, Opera quae supersunt. Ed. LEOPOLD COHN et PAUL WENDLAND. Vol. 4. Berlin 1902. S. 119–268 – Nachdruck. 1962 – Dt.: Über das Leben Mosis. In: PHILO VON ALEXANDRIA, Die Werke in deutscher Übersetzung. Hg. von LEOPOLD COHN. Bd. 1. Breslau 1908. S. 215–365 – 2. Aufl. Berlin 1962

GREGOR VON NYSSA: Vita Mosis. La vie de Moïse. [Griech. und franz.] Introduction et traduction de JEAN DANIÉLOU. 2. erw. Aufl. Paris 1955. XXXV, 154 S. (Sources chrétiennes. 1) – Dt.: Der Aufstieg des Moses. Freiburg i. Br. 1963. 167 S. (Sophia. 4)

HOBERG, GOTTFRIED: Moses und der Pentateuch. Freiburg i. Br. 1905. XIV, 124 S. (Biblische Studien. 10, 4)

VOLZ, PAUL: Mose. Ein Beitrag zur Untersuchung über die Ursprünge der israelitischen Religion. Tübingen 1907. VII, 115 S. – 2. neubearb. Aufl. u. d. T.: Mose und sein Werk. Tübingen 1932. VII, 143 S.

MEINHOLD, D.: Die Propheten in Israel von Moses bis Jesus. Langensalza 1909. 127 S. (Pädagogisches Magazin. 383)

BEER, GEORG: Mose und sein Werk. Ein Vortrag. Gießen 1912. 48 S.

GRESSMANN, HUGO: Mose und seine Zeit. Ein Kommentar zu den Mose-Sagen. Göttingen 1913. VIII, 485 S. (Forschungen zur Religion und Literatur des Alten und Neuen Testaments. 18)

HÖLSCHER, GUSTAV: Die Propheten. Untersuchungen zur Religionsgeschichte Israels. Leipzig 1914. VIII, 486 S.

DUHM, BERNHARD: Israels Propheten. Tübingen 1916. VIII, 483 S. – 2. verb. Aufl. 1922

SELLIN, ERNST: Mose und seine Bedeutung für die israelitisch-jüdische Religionsgeschichte. Leipzig 1922. 159 S.

ŠANDA, A.: Moses und der Pentateuch. Münster 1924. VIII, 427 S. (Alttestamentliche Abhandlungen. 9, 4/5)

KITTEL, RUDOLF: Mose. In: KITTEL, Gestalten und Gedanken in Israel. Geschichte eines Volkes in Charakterbildern. Leipzig 1925. S. 21–46

FLEG, EDMOND: La vie légendaire de Moïse. Paris 1926 – Dt.: Moses. München 1929. IX, 271 S. – Neuaufl. Kuppenheim 1948. 179 S.

CHURCHILL, WINSTON: Moses. The leader of a people. In: CHURCHILL, Thoughts and adventures. London 1932. – Dt.: Moses, der Führer eines Volkes. In: CHURCHILL, Gedanken und Abenteuer. Zürich 1943. S. 299–311

BOCK, EMIL: Moses und sein Zeitalter. Stuttgart 1935. 182 S. (BOCK, Das Alte Testament und die Geistesgeschichte der Menschheit. Bd. 2) – 8. Aufl. 1996. 224 S. (BOCK, Beiträge zur Geistesgeschichte der Menschheit. Bd. 2)

FREUD, SIGMUND: Der Mann Moses und die monotheistische Religion. Drei Abhandlungen. Amsterdam 1939. 241 S. – Neuausg.: Frankfurt a. M. 1964. 175 S. (Bibliothek Suhrkamp. 131) – 8. Aufl. 1994

Vgl. hierzu: BRIGITTE STEMBERGER, «Der Mann Moses» in Freuds Gesamtwerk. In: Kairos 16 (1974), S. 161–251

Sowie: YOSEF H. YERUSHALMI, Freuds Moses. Endliches und unendliches Judentum. Berlin 1992. 192 S.

JEREMIAS, JOACHIM: Moses. In: Theologisches Wörterbuch zum Neuen Testament. Hg. von GERHARD KITTEL. Bd. 4. Stuttgart 1942. S. 852–878

BUBER, MARTIN: Moses. Oxford 1946. 226 S. – Dt.: Moses. Zürich 1948. 331 S. – 4. Aufl. Heidelberg 1994. 288 S.

SCHOEPS, HANS JOACHIM: Moses. In: SCHOEPS, Gottheit und Menschheit. Die großen Religionsstifter und ihre Lehren. Stuttgart 1950. S. 25–42 – Neuaufl. u. d. T.: Die großen Religionsstifter und ihre Lehren. Darmstadt 1954.

MARTIN, JACQUES: Moïse, homme de Dieu. Paris 1952. 293 S.

AUERBACH, ELIAS: Moses. Amsterdam 1953. 243 S.

Vgl. hierzu die Rezension von OTTO EISSFELDT in: Orientalistische Literaturzeitung 48 (1953), Sp. 490–505 – Wiederabdruck in: EISSFELDT, Kleine Schriften. Hg. von RUDOLF SELLHEIM und FRITZ MAAS. Bd. 3. Tübingen 1966. S. 240–255

MEYER, FREDERICK BROTHERTON: Moses, the servant of God. Grand Rapids 1954. 189 S.

SUSMAN, MARGARETE: Die biblische Mosesgestalt. In: SUSMAN, Deutung biblischer Gestalten. Stuttgart 1955. S. 9–54

D'HUMY, FERNAND EMILE: What manner of man was Moses? New York 1955. 301 S.

DOANE, PELAGIE: The story of Moses. Philadelphia 1958. 119 S.

SCHNUTENHAUS, FRANK: Die Entstehung der Mosetraditionen. Diss. Heidelberg 1958. 197 Bl. [Hekt.]

DEISSLER, ALFONS: Moses. In: Lebendige Kirche 3 (1959), S. 1–24 mit Abb.

LEIST, FRITZ: Moses, Sokrates, Jesus. Um die Begegnung mit der biblischen und antiken Welt. Frankfurt a. M. 1959. 488 S.

SMEND, RUDOLF: Das Mosebild von Heinrich Ewald bis Martin Noth. Tübingen 1959. 80 S. (Beiträge zur Geschichte der biblischen Exegese. 3)

RAD, GERHARD VON: Moses. London, New York 1960. 80 S. (World Christian books. 32)

SILVER, ABBA HILLEL: Moses and the original Torah. New York 1961. 188 S.

HESCHEL, ABRAHAM J.: The prophets. New York 1962. XIX, 518 S.

BÄSCHLIN, KARL: Moses. Der Verkünder des «Ich bin». Bern 1962. 87 S.

SEEBASS, HORST: Mose und Aaron, Sinai und Gottesberg. Bonn 1962. 155 S. (Abhandlungen zur evangelischen Theologie. 2)

OSSWALD, EVA: Das Bild des Mose in der kritischen alttestamentlichen Wissenschaft seit Julius Wellhausen. Berlin 1962. 369 S. (Theologische Arbeiten 18)

HERRMANN, SIEGFRIED: Mose. In: Evangelische Theologie 28 (1968), S. 301–328

SCHMID, HERBERT: Mose. Überlieferung und Geschichte. Berlin 1968. VIII, 133 S.

THOMPSON, ROBERT JOHN: Moses and the law in a century of criticism since Graf. Leiden 1970. XII, 206 S. (Vetus Testamentum. Suppl. Vol. 19)

GAGER, JOHN G.: Moses in Greco-Roman paganism. Nashville 1972. 173 S. (Society of Biblical Literature. Monograph series. 16)

DUVERNOY, CLAUDE: Moses. Köln 1977. 238 S., Abb. (Die großen Religionsstifter)

CAZELLES, HENRI: A la recherche de Moïse. Paris 1979. 184 S.

LEHMANN, JOHANNES: Moses, der Mann aus Ägypten. Religionsstifter, Gesetzgeber. Staatsgründer. Hamburg 1983. 313 S., Abb.

ROWLEY, HAROLD HENRY: Moses and the Decalogue. In: Bulletin of the John Rylands Library, Manchester, 34 (1951/52), Seite 81–118 – Franz.: Moïse et le Décalogue. In: Revue d'histoire et de philosophie religieuses 32 (1952), S. 7–40

FEILCHENFELDT, WILHELM: Die Entpersönlichung Moses in der Bibel und ihre Bedeutung. In: Zeitschrift für die alttestamentliche Wissenschaft 64 (1952), S. 156–178

Moïse, l'homme de l'alliance. Tournai 1955. 405 S. (Cahiers sioniens) – Dt.: Moses in Schrift und Überlieferung. Düsseldorf 1963. 330 S. [Aufsatzsammlung]

WALLACE, DAVID H.: The Semitic origin of the assumption of Moses. In: Theologische Zeitschrift 11 (1955), S. 321–328

ROWLEY, HAROLD HENRY: Mose und der Monotheismus. In: Zeitschrift für die alttestamentliche Wissenschaft 69 (1957), S. 1–21

HAURET, CHARLES: Moïse était-il prêtre? In: Biblica 40 (1959), S. 509–521

UMHAU, H.: Moses in Christian and Islamic tradition. In: The Journal of Bible and Religion 27 (1959), S. 102–108

MORAN, WILLIAM L.: Moses und der Bundesschluß am Sinai. In: Stimmen der Zeit 170 (1961/62), S. 120–133

GELIN, A.: Moses im Alten Testament. In: Bibel und Leben 3 (1962), S. 97–110

KOCH, KLAUS: Der Tod des Religionsstifters. Erwägungen über das Verhältnis Israels zur Geschichte der altorientalischen Religionen. In: Kerygma und Dogma 8 (1962), S. 100–123
Vgl. hierzu FRIEDRICH BAUMGÄRTEL, ebd. 9 (1963), S. 223–233

GUNNEWEG, ANTONIUS H. J.: Mose – Religionsstifter oder Symbol. In: Der evangelische Erzieher 15 (1963), S. 41–48

O'ROURKE, WILLIAM J., S. J.: Moses and the prophetic vocation. In: Scripture 15 (1963). H. 30, S. 44–55

SCHNEIDER, HEINRICH: Moses, die große Mittlergestalt des Heils; Gott rettet und formt sein Volk durch Moses; Moses, der Prophet Jesu Christi. In: Bibel und Kirche 18 (1963), S. 7–19

GUNNEWEG, ANTONIUS H. J.: Mose in Midian. In: Zeitschrift für Theologie und Kirche 61 (1964), S. 1–9

EISSFELDT, OTTO: Israels Führer in der Zeit vom Auszug aus Ägypten bis zur Landnahme. In: Studia Biblica et Semitica. Theodore Christiano Vriezen ...

dedicata. Wageningen 1966. S. 62–70 – Wiederabdruck in: EISSFELDT, Kleine Schriften. Hg. von RUDOLF SELLHEIM und FRITZ MAAS. Bd. 4. Tübingen 1968. S. 297–304

BARTH, CHRISTOPH: Mose, Knecht Gottes. In: Parrhesia. Karl Barth zum achtzigsten Geburtstag. Zürich 1966. S. 68–81

SCHREINER, JOSEPH: Moses, der «Mann Gottes». In: Bibel und Leben 8 (1967), S. 94–110

MELLINKOFF, RUTH: The horned Moses in medieval art and thought. Berkeley 1970. XIX, 210 S., Abb. (California studies in the history of art. 14)

SCHULTZ, JOSEPH P.: Angelic opposition to the ascension of Moses and the revelation of the law. In: The Jewish Quarterly Review 61 (1970/71), S. 282–307

PERLITT, LOTHAR: Mose als Prophet. In: Evangelische Theologie 31 (1971), S. 588–608

SILVER, DANIEL JEREMY: Moses and the hungry birds. In: The Jewish Quarterly Review 64 (1973/74), S. 123–153

HAACKER, KLAUS, und PETER SCHÄFER: Nachbiblische Traditionen vom Tod des Mose. In: Josephus-Studien. Untersuchungen zu Josephus, dem antiken Judentum und dem Neuen Testament. Otto Michel zum 70. Geburtstag gewidmet. Hg. von OTTO BETZ. Göttingen 1974. S. 147–174

HOSSFELD, PAUL: Moses und Zarathustra. In: Zeitschrift für Religions- und Geistesgeschichte 27 (1975), S. 330–345

GOULET, RICHARD: Porphyre et la datation de Moïse. In: Revue de l'histoire des religions 192 (1977), S. 137–164

RAJAK, TESSA: Moses in Ethiopia. Legend and literature. In: The Journal of Jewish Studies 29 (1978), S. 111–122

TIMPE, DIETER: Moses als Gesetzgeber. In: Saeculum 31 (1980), S. 66–77

DROGE, ARTHUR J.: Homer or Moses? Early Christian Interpretations of the History of Culture. Tübingen 1989. XIV, 220 S.

COHEN, JONATHAN: The Origins and Evolution of the Moses Nativity Story. Leiden 1993. VI, 205 S.

3. Zum Alten Testament und zum Pentateuch (1.–5. Buch Mose)

WEISER, ARTUR: Einleitung in das Alte Testament. Stuttgart 1939. VIII, 319 S. – 6. verb. Aufl. Göttingen 1966. 439 S.

EISSFELDT, OTTO: Einleitung in das Alte Testament. 2. völlig neu bearb. Aufl. Tübingen 1956. XVI, 954 S. (Neue theologische Grundrisse) – 3. neu bearb. Aufl. 1964. XVI, 1129 S. – Nachdruck. 1976

SELLIN, ERNST: Einleitung in das Alte Testament. 10. Aufl., völlig neu bearb. von GEORG FOHRER. Heidelberg 1965. 576 S. – 12. erw. Aufl. 1979. 614 S.

MAYER, RUDOLF: Einleitung in das Alte Testament. 2 Bde. München 1965–1967.

KAISER, OTTO: Einleitung in das Alte Testament. Eine Einführung in ihre Ergebnisse und Probleme. Gütersloh 1969. 340 S. – 4. erw. Aufl. 1978. 404 S.

FOHRER, GEORG: Das Alte Testament. Einführung in Bibelkunde und Literatur des Alten Testaments und in Geschichte und Religion Israels. 2 Bde. Gütersloh 1969–1970 – 3. Aufl. 1980

EICHROTH, WALTHER: Theologie des Alten Testaments. 3 Bde. Berlin 1933–1939 – 8. bzw. 6. Aufl. 2 Bde. Stuttgart 1968–1974

KÖHLER, LUDWIG: Theologie des Alten Testaments. Tübingen 1936. XI, 252 S. (Neue theologische Grundrisse) – 4. überarb. Aufl. 1966. XI, 260 S.

PROCKSCH, OTTO: Theologie des Alten Testaments. Gütersloh 1950. VIII, 787 S.

VRIEZEN, THEODOR CHRISTIAN: Theologie des Alten Testaments in Grundzügen. Wageningen 1956. XI, 343 S.

RAD, GERHARD VON: Theologie des Alten Testaments. 2 Bde. München 1957–1960 – 7. Aufl. 1978–1980

ZIMMERLI, WALTHER: Grundriß der alttestamentlichen Theologie. 2. erw. Aufl. Stuttgart 1972. 223 S. (Theologische Wissenschaft. 3) – 4. erg. Aufl. 1982. 230 S.

JEREMIAS, ALFRED: Das Alte Testament im Lichte des alten Orients. Handbuch zur biblisch-orientalischen Altertumskunde. 4. ern. Aufl. Leipzig 1930. XVI, 852 S., Abb.

ROWLEY, HAROLD HENRY: From Joseph to Joshua. Biblical traditions in the light of archaeology. London 1950. XIV, 200 S.

SCHEDL, CLAUS: Geschichte des Alten Testaments. 5 Bde. Innsbruck 1956–1964

ANDERSON, BERNHARD W.: The living world of the Old Testament. London 1958. XXIV, 555 S., Abb. – 2. Aufl. 1967. XXI, 586 S., Abb.

BEEK, MARTINUS ADRIANUS: Auf den Wegen und Spuren des Alten Testaments. Tübingen 1961. VIII, 308 S.

HEMPEL, JOHANNES: Geschichten und Geschichte im Alten Testament bis zur persischen Zeit. Gütersloh 1964. 254 S.

SCHMIDT, WERNER H.: Alttestamentlicher Glaube und seine Umwelt. Zur Geschichte des alttestamentlichen Gottesverständnisses. Neukirchen 1968. 252 S. (Neukirchener Studienbücher. 6) – 4. überarb. Aufl. u. d. T.: Alttestamentlicher Glaube in seiner Geschichte. 1982. 320 S.

GASTER, THEODOR H.: Myth, legend, and customs in the Old Testament. New York 1969. LV, 899 S.

DEISSLER, ALFONS: Die Grundbotschaft des Alten Testaments. Ein theologischer Durchblick. Freiburg i. Br. 1972. 166 S. (theologisches seminar) – 7. Aufl. 1979

FOHRER, GEORG: Theologische Grundstrukturen des Alten Testaments. Berlin 1972. X, 276 S.

WELLHAUSEN, JULIUS: Die Composition des Hexateuch und der historischen Bücher des Alten Testaments. Berlin 1889. 361 S. – 4. Aufl. 1963. VI, 374 S.

RAD, GERHARD VON: Das formgeschichtliche Problem des Hexateuch. Stuttgart 1938. 72 S. (Beiträge zur Wissenschaft vom Alten und Neuen Testament. 4; 26) – Wiederabdruck in: RAD, Gesammelte Studien zum Alten Testament. [Bd. 1.] München 1958. S. 9–86 – 4. Aufl. 1971

SIMPSON, C. A.: The early traditions of Israel. A critical analysis of the pre-deuteronomic narrative of the Hexateuch. Oxford 1948. 777 S.

Vgl. hierzu: OTTO EISSFELDT, Die ältesten Traditionen Israels. Ein kritischer Bericht über C. A. Simpson's The early traditions of Israel. Berlin 1950. 100 S. (Zeitschrift für alttestamentliche Wissenschaft. Beiheft 71)

NOTH, MARTIN: Überlieferungsgeschichte des Pentateuch. Stuttgart 1948. VIII, 288 S. – 3. Aufl. 1966

WEIMAR, PETER: Untersuchungen zur Redaktionsgeschichte des Pentateuch. Berlin 1977. X, 183 S. (Zeitschrift für alttestamentliche Wissenschaft. Beiheft 146)

RENDTORFF, ROLF: Das überlieferungsgeschichtliche Problem des Pentateuch. Berlin 1977. VIII, 177 S. (Zeitschrift für alttestamentliche Wissenschaft. Beiheft 147)

Studien zum Pentateuch. Walter Kornfeld zum 60. Geburtstag. Hg. von GEORG BRAULIK. Wien 1977. 272 S.

BEYERLIN, WALTER: Herkunft und Geschichte der ältesten Sinaitraditionen. Tübingen 1961. VIII, 203 S.

FOHRER, GEORG: Überlieferung und Geschichte des Exodus. Eine Analyse von Ex. 1–15. Berlin 1964. 125 S. (Zeitschrift für alttestamentliche Wissenschaft. Beiheft 4. 91)

RICHTER, WOLFGANG: Die sogenannten vorprophetischen Berufungsberichte. Eine literarwissenschaftliche Studie zu 1 Sam 9,1–10,16, Ex 3f. und Ri 6,11b–17. Göttingen 1970. 203 S. (Forschungen zur Religion und Literatur des Alten und Neuen Testaments. 101)

WEIMAR, PETER: Die Berufung des Mose. Literaturwissenschaftliche Analyse von Exodus 2,23–5,5. Freiburg / Schweiz, Göttingen 1980. 399 S. (Orbis Biblicus et Orientalis. 32)

TROMP, JOHANNES: The Assumption of Moses. A critical edition with commentary. Leiden 1993. X, 324 S.

4. Zur Geschichte und Religion Israels

KISCH, GUIDO, und KURT ROEPKE: Schriften zur Geschichte der Juden. Eine Bibliographie der in Deutschland und der Schweiz 1922–1955 erschienenen Dissertationen. Tübingen 1959. XI, 49 S. (Schriftenreihe wissenschaftlicher Abhandlungen des Leo Baeck Institute of Jews from Germany. 4)

WELLHAUSEN, JULIUS: Prolegomena zur Geschichte Israels. Berlin 1883. X, 455 S. – 6. Aufl. 1905. VIII, 424 S. – Nachdruck. 1981.

WELLHAUSEN, JULIUS: Israelitische und jüdische Geschichte. Berlin 1894. 342 S. – 9. Aufl. 1958. VIII, 371 S. – Nachdruck. 1981

KITTEL, RUDOLF: Geschichte des Volkes Israel. 3 Bde. Gotha 1909–1929

KITTEL, RUDOLF: Die Religion des Volkes Israel. Leipzig 1921. 210 S.

HÖLSCHER, GUSTAV: Geschichte der israelitischen und jüdischen Religion. Gießen 1922. XVI, 267 S.

SELLIN, ERNST: Geschichte des israelitisch-jüdischen Volkes. 2 Bde. Leipzig 1924–1932 – 2. Aufl. 1935

JIRKU, ANTON: Geschichte des Volkes Israel. Leipzig 1931. 223 S. (Theologische Lehrbücher)

LODS, ADOLPHE: Israël. Des origines au milieu du VIIIe siécle. Paris 1932. XVI, 603 S.

ROBINSON, THEODORE H., und W. O. OESTERLEY: A history of Israel. 2 Bde. Oxford 1932

AUERBACH, ELIAS: Wüste und gelobtes Land. Geschichte Israels. 2 Bde. Berlin 1932–1936

SELLIN, ERNST: Israelitisch-jüdische Religionsgeschichte. Leipzig 1933. 152 S.

Roth, Cecil: A short history of the Jewish people. London 1936. XII, 433 S. – 3. erw. Aufl. London 1948. XVI, 470 S. – Dt.: Geschichte der Juden. Von den Anfängen bis zum neuen Staate Israel. Teufen 1954. 530 S.

Allgeier, Arthur: Biblische Zeitgeschichte in den Grundlinien dargestellt. Freiburg i. Br. 1937. XX, 327 S.

Albright, William Foxwell: Archaeology and the religion of Israel. Baltimore 1942. XII, 238 S. – 5. Aufl. 1968. XVIII, 247 S. – Dt.: Die Religion Israels im Lichte der archäologischen Ausgrabungen. München 1956. 269 S., Taf.

Helling, Fritz: Die Frühgeschichte des jüdischen Volkes. Frankfurt a. M. 1947. 181 S.

Noth, Martin: Geschichte Israels. Göttingen. 1950 VIII, 395 S. (Göttinger theologische Lehrbücher) – 9. Aufl. 1981. 435 S.

Thieberger, Friedrich: Die Glaubensstufen des Judentums. Stuttgart 1952. 207 S.

Baron, Salo Wittmayer: A social and religious history of the Jews. 2. erw. Aufl. New York 1952–lfd. [Bd. 17: 1980]

Orlinsky, Harry M.: Ancient Israel. Ithaca / New York 1954. XII, 193 S.

Bright, John: Early Israel in recent history writing. A study in method. London 1956. 128 S. (Studies in Biblical theology) – Dt.: Altisrael in der neueren Geschichtsschreibung. Eine methodologische Studie. Stuttgart 1961. 139 S. (Abhandlungen zur Theologie des Alten und Neuen Testaments. 40)

Ricciotti, Giuseppe: Geschichte Israels. 2 Bde. Wien 1953–1955

Alt, Albrecht: Kleine Schriften zur Geschichte des Volkes Israel. 3 Bde. München. 1953–1959–4. bzw. 2. Aufl. 1968–1977–Auswahl u. d. T.: Grundfragen der Geschichte des Volkes Israel. Hg. von Siegfried Herrmann. 1970. XVI, 478 S. – 2. Aufl. 1979

Rowley, Harold Henry: The faith of Israel. Aspects of Old Testament thought. London 1956. 220 S.

Voegelin, Eric: Israel and revelation. Louisiana 1956. XXV, 533 S. (Voegelin, Order and history. Vol. 1)

Baeck, Leo: Aus drei Jahrtausenden. Wissenschaftliche Untersuchungen und Abhandlungen zur Geschichte des jüdischen Glaubens. Tübingen 1958. VI, 402 S.

Ehrlich, Ernst Ludwig: Geschichte Israels von den Anfängen bis zur Zerstörung des Tempels (70 n. Chr.). Berlin 1958. 158 S. (Sammlung Göschen. 231 / 231 a) – 2. Aufl. 1980 (Sammlung Göschen. 2217)

Bright, John: A history of Israel. London 1960. 500 S. (Old Testament library) – 2. Aufl. Philadelphia 1972. 519 S. – Dt.: Geschichte Israels. Von den Anfängen bis zur Schwelle des Neuen Bundes. Düsseldorf 1966. 556 S., Taf.

Beek, Martinus Adrianus: Geschichte Israels. Von Abraham bis Bar Kochba. Stuttgart 1961. 184 S., Abb. (Urban Bücher. 47) – 4. Aufl. 1976

Neher, André und Renée Neher: Histoire biblique du peuple d'Israël. 2 Bde. Paris 1962. XV, 719 S., Abb.

Newman, Murray Lee: The people of the Covenant. A study of Israel from Moses to monarchy. New York 1962. 207 S.

Metzger, Martin: Grundriß der Geschichte Israels. Neukirchen-Vluyn 1963. 240 S., Abb. (Neukirchener Studienbücher. 2) – 5. Aufl. 1979

Smend, Rudolf: Jahwekrieg und Stämmebund. Erwägungen zur ältesten Geschichte Israels. Göttingen 1963. 97 S. (Forschungen zur Religion und Literatur des Alten und Neuen Testaments. 84)

WALLIS, GERHARD: Geschichte und Überlieferung. Gedanken über alttestamentliche Darstellungen der Frühgeschichte Israels und die Anfänge seines Königtums. Stuttgart 1968. 130 S. (Arbeiten zur Theologie. 2, 13)

FOHRER, GEORG: Geschichte der israelitischen Religion. Berlin 1969. XV, 435 S. (de Gruyter Lehrbuch)

VAUX, ROLAND DE: Histoire ancienne d'Israël. 2 Bde. Paris 1971–1973 – Engl.: The early history of Israel. Philadelphia 1978. 886 S.

GUNNEWEG, ANTONIUS H. J.: Geschichte Israels bis Bar Kochba. Stuttgart 1972. 198 S. (Theologische Wissenschaft. 2) – 3. neu bearb. Aufl. 1979. 210 S.

HERRMANN, SIEGFRIED: Geschichte Israels in alttestamentarischer Zeit. München 1973. 427 S. – 2. Aufl. 1980. 520 S.

KONZELMANN, GERHARD: Aufbruch der Hebräer. Der Ursprung des biblischen Volkes. München 1976. 224 S., Taf.

ZUBER, BEAT: Vier Studien zu den Ursprüngen Israels. Die Sinaifrage und Probleme der Volks- und Traditionsbildung. Freiburg / Schweiz, Göttingen 1976. 152 S.

FOHRER, GEORG: Geschichte Israels von den Anfängen bis zur Gegenwart. Heidelberg 1977. 290 S. (Uni-Taschenbücher. 708) – 2. Aufl. 1979

NAMENREGISTER

Die kursiv gesetzten Zahlen bezeichnen die Abbildungen

QUELLENNACHWEIS DER ABBILDUNGEN

Der Autor und der französische Verleger danken Herrn Edmond-Maurice Lévy, Bibliothekar der «Alliance Israélite Universelle», der uns die folgenden Dokumente (Fotos Éditions du Seuil) zur Verfügung gestellt hat: 6, 24, 32 oben, 32 unten, 33 oben, 33 unten, 36, 37, 40 oben, 40 Mitte, 40 unten, 41, 42 oben, 42 unten, 81, 82, 110, 119, 130, 140, 142, 147, 148, 150, 154, 157, ebenfalls auch Herrn Dr. André Bernheim, der die Benützung von Exemplaren aus seiner Sammlung gestattete (Fotos Roche — Éditions du Seuil): 10, 11, 14/15, 92, 100/101 unten, 115, 133.
Die anderen Illustrationen stammen von Anderson-Giraudon: Umschlag-Vorderseite, 8 / Alineri-Giraudon: 9, 136/137 / Éditions du Seuil: 12/13, 18, 20/21, 28, 46/47, 80, 88, 97, 114, 121, 126, 127, 145, 153 / Photos Archives Municipales de Strasbourg: 17, 44, 54 unten, 57, 75, 113, 116 / Photos Izis: 27, 107 / Archives Photographiques: 49, 51 oben links, 51 unten, 62 / Roger-Viollet: 51 oben rechts, 53, 54/55 oben, 59, 60, 63, 66/67, 83, 99, 100/101 oben, 122, Umschlag-Rückseite / Kurt Lange (entnommen dem Band «Ägyptische Bildnisse», Piper Verlag, München): 58 / Photo Bulloz: 64/65 / Revue Biblique (Gabalda): 87 / Walter Dräyer: 152

Die Bibelzitate entstammen mit wenigen Ausnahmen dem Werk «Die fünf Bücher der Weisung», verdeutscht von Martin Buber gemeinsam mit Franz Rosenzweig; erschienen im Jakob Hegner Verlag, Köln und Olten, 1954

rowohlts monographien
Begründet von Kurt Kusenberg, herausgegeben von Wolfgang Müller und Uwe Naumann.

Dietrich Bonhoeffer
dargestellt von
Eberhard Bethge
(236)

Martin Buber
dargestellt von
Gerhard Wehr
(147)

Ulrich von Hutten
dargestellt von
Eckhard Bernstein
(394)

Jesus
dargestellt von David Flusser
(140)

Johannes der Evangelist
dargestellt von
Johannes Hemleben
(194)

Johannes XXIII.
dargestellt von
Helmuth Nürnberger
(340)

Martin Luther
dargestellt von
Hans Lilje
(098)

Martin Luther King
dargestellt von Gerd Presler
(333)

Meister Eckhart
dargestellt von
Gerhard Wehr
(376)

Mohammed
dargestellt von
Émile Dermenghem
(047)

Moses
dargestellt von André Neher
(094)

Paulus
dargestellt von
Claude Tresmontant
(023)

Albert Schweitzer
dargestellt von
Harald Steffahn
(263)

Simone Weil
dargestellt von
Angelika Krogmann
(166)

rowohlts monographien

Ein Gesamteverzeichnis der Reihe *rowohlts monographien* finden Sie in der *Rowohlt Revue*. Vierteljährlich neu. Kostenlos in Ihrer Buchhandlung.

Ein Gesamtverzeichnis der Reihe *rowohlts monographien* finden Sie in der *Rowohlt Revue*. Vierteljährlich neu. Kostenlos in Ihrer Buchhandlung.

Geschichte / Politik

rowohlts monographien

rowohlts monographien

Begründet von Kurt Kusenberg, herausgegeben von Wolfgang Müller und Uwe Naumann.

Max Beckmann
dargestellt von
Stephan Reimertz
(558)

Hieronymus Bosch
dargestellt von
Heinrich Goertz
(237)

Paul Cézanne
dargestellt von
Kurt Leonhard
(114)

Lucas Cranach d.Ä.
dargestellt von
Berthold Hinz
(457)

Die Dadaisten
dargestellt von
Hermann Korte
(536)

Max Ernst
dargestellt von
Lothar Fischer
(151)

Vincent van Gogh
dargestellt von
Herbert Frank
(239)

Francisco de Goya
dargestellt von Jutta Held
(284)

Wassily Kandinsky
dargestellt von
Peter A. Riedl
(313)

Le Corbusier
dargestellt von Norbert Huse
(248)

Leonardo da Vinci
dargestellt von
Kenneth Clark
(153)

Michelangelo
dargestellt von
Heinrich Koch
(124)

Rembrandt
dargestellt von
Christian Tümpel
(251)

Henri de Toulouse-Lautrec
dargestellt von
Matthias Arnold
(306)

Andy Warhol
dargestellt von Stefana Sabin
(485)

Ein Gesamtverzeichnis der Reihe *rowohlts monographien* finden Sie in der *Rowohlt Revue*. Vierteljährlich neu. Kostenlos in Ihrer Buchhandlung.

rowohlts monographien

Literatur

rowohlts monographien

Ein Gesamtverzeichnis der Reihe *rowohlts monographien* finden Sie in der *Rowohlt Revue*. Vierteljährlich neu. Kostenlos in Ihrer Buchhandlung.

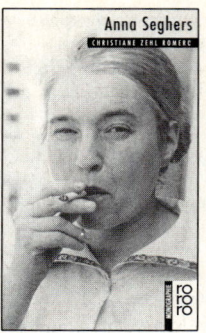

Literatur

rowohlts monographien

Ein Gesamtverzeichnis der Reihe *rowohlts monographien* finden Sie in der *Rowohlt Revue*. Vierteljährlich neu. Kostenlos in Ihrer Buchhandlung.

Ein Gesamtverzeichnis der Reihe *rowohlts monographien* finden Sie in der *Rowohlt Revue*. Vierteljährlich neu. Kostenlos in Ihrer Buchhandlung.

Musik

rowohlts monographien

Begründet von Kurt Kusenberg, herausgegeben von Wolfgang Müller und Uwe Naumann.

Louis Armstrong
dargestellt von Ilse Storb
(443)

Johann Sebastian Bach
dargestellt von Martin Geck
(511)

Robert Schumann
dargestellt von
Barbara Meier
(522)

George Bizet
dargestellt von
Christoph Schwandt
(375)

Frédéric Chopin
dargestellt von Jürgen Lotz
(564)

Hanns Eisler
dargestellt von Fritz
Hennenberg
(370)

John Lennon
dargestellt von Alan Posener
(363)

Felix Mendelssohn Bartholdy
dargestellt von
Hans Christoph Worbs
(215)

Elvis Presley
dargestellt von
Alan und Maria Posener
(495)

Sergej Prokofjew
dargestellt von
Thomas Schipperges
(516)

Sergej Prokofjew
THOMAS SCHIPPERGES

Giacomo Puccini
dargestellt von
Clemens Höslinger
(325)

Gioacchino Rossini
dargestelt von
Volker Scherliess
(467)

Heinrich Schütz
dargestellt von
Michael Heinemann
(490)

Richard Strauss
dargestellt von
Walter Deppisch
(146)

Richard Wagner
dargestellt von Hans Mayer
(029)

rowohlts monographien

Ein Gesamtverzeichnis der Reihe *rowohlts monographien* finden Sie in der *Rowohlt Revue*. Vierteljährlich neu. Kostenlos in Ihrer Buchhandlung.

rowohlts monographien
Begründet von Kurt Kusenberg, herausgegeben von Wolfgang Müller und Uwe Naumann.

Theodor W. Adorno
dargestellt von
Hartmut Scheible
(400)

Hannah Arendt
dargestellt von
Wolfgang Heuer
(379)

Aristoteles
dargestellt von J.-M. Zemb
(063)

Walter Benjamin
dargestellt von Bern Witte
(341)

Ludwig Feuerbach
dargestellt von
Hans-Martin Sass
(269)

Johann Gottlieb Fichte
dargestellt von
Wilhelm G. Jacobs
(336)

Martin Heidegger
dargestellt von
Walter Biemel
(200)

Karl Jaspers
dargestellt von Hans Saner
(169)

Immanuel Kant
dargestellt von Uwe Schultz
(101)

Karl Marx
dargestellt von
Werner Blumenberg
(076)

Platon
dargestellt von
Gottfried Martin
(150)

Karl Popper
dargestellt von
Manfred Geier
(468)

Jean-Paul Sartre
dargestellt von
Walter Biemel
(087)

Max Scheler
dargestellt von
Wilhelm Mader
(290)

Rudolf Steiner
dargestellt von
Christoph Lindenberg
(500)

rowohlts monographien

Ein Gesamtverzeichnis der Reihe *rowohlts monographien* finden Sie in der *Rowohlt Revue*. Vierteljährlich neu. Kostenlos in Ihrer Buchhandlung.

rowohlts monographien
Begründet von Kurt Kusen-
berg, herausgegeben von
Wolfgang Müller und Uwe
Naumann.

Ingmar Bergman
dargestellt von Eckhard
Weise
(366)

Luis Buñuel
dargestellt von
Michael Schwarze
(292)

Charlie Chaplin
dargestellt von
Wolfram Tichy
(219)

Walt Disney
dargestellt von
Reinhold Reitberger
(226)

Eleonora Duse
dargestellt von Doris Maurer
(388)

Federico Fellini
dargestellt von
Michael Töteberg
(455)

Gustaf Gründgens
dargestellt von
Heinrich Goertz
(315)

Alfred Hitchcock
dargestellt von
Bernhard Jendricke
(420)

Fritz Kortner
dargestellt von Peter Schütze
(531)

Marilyn Monroe
RUTH-ESTHER GEIGER
rororo

Fritz Lang
dargestellt von
Michael Töteberg
(339)

Ernst Lubitsch
dargestellt von
Herta-Elisabeth Renk
(502)

Marilyn Monroe
dargestellt von
Ruth-Esther Geiger
(507)

Pier Paolo Pasolini
dargestellt von
Otto Schweitzer
(354)

Karl Valentin
dargestellt von
Michael Schulte
(144)

Ein Gesamtverzeichnis der
Reihe *rowohlts mono-
graphien* finden Sie in der
Rowohlt Revue. Vierteljähr-
lich neu. Kostenlos in Ihrer
Buchhandlung.

rowohlts monographien

Menschen, die die Welt bewegten

Wer waren die wichtigsten Persönlichkeiten, die das 20. Jahrhundert bestimmt haben? Eine neue Reihe bei *rororo handbuch* stellt die «100 des Jahrhunderts» mit Bild und biographischen Porträts in kompakter, präziser Form vor. Die Bücher bieten mehr Information als gewöhnliche Lexikon-Artikel und sind hilfreich für alle, die privat oder beruflich schnelle Informationen benötigen.

Die 100 des Jahrhunderts: Politiker

(rororo handbuch 16450)
Sie haben den Lauf der Welt bestimmt, ihre Namen sind mit Krieg und Frieden, mit politischen Systemen und sozialen Konflikten, mit internationalen Bündnissen und wirtschaftlichem Aufstieg verknüpft.

Die 100 des Jahrhunderts: Naturwissenschaftler

(rororo handbuch 16451)

Die 100 des Jahrhunderts: Fußballer

(rororo handbuch 16458)
Ihre Tore und Paraden begeisterten Millionen, ihre Niederlagen und Schicksale bewegten ganze Völker.

Die 100 des Jahrhunderts: Sportler

(rororo handbuch 16453)
Sie ziehen Millionen Menschen in aller Welt in ihren Bann – mit Höchstleistungen und Rekorden auf Bahnen und Pisten, in Hallen und Stadien.

Die 100 des Jahrhunderts: Filmregisseure

(rororo handbuch 16452)
Ihre Filme entführen in Bildwelten, deren Faszination sich niemand entziehen kann.

Die 100 des Jahrhunderts: Komponisten

(rororo handbuch 16457)

Die 100 des Jahrhunderts: Schriftsteller

(rororo handbuch 16455)

Die 100 des Jahrhunderts: Unternehmer und Ökonomen

(rororo handbuch 16454)

Die 100 des Jahrhunderts: Filmstars

(rororo handbuch 16459)
Hier treten sie auf, die eleganten Divas und die unwiderstehlichen Herzensbrecher, die großen Schauspieler und die einsamen Heroinnen.

Die 100 des Jahrhunderts: Pop-Stars

(rororo handbuch 16460)

Dr. Raymond A. Moody

Raymond Avery Moody wurde am 30. Juni 1944 in Porterdale in Georgia geboren. Seinen medizinischen Doktortitel erwarb er 1976 am Medical College of Georgia in Augusta, arbeitete anschließend als Assistenzarzt an der University of Virginia Medical School. Von 1983 bis 1985 war Dr. Moody Forensic Psychiatrist am Central State Hospital in Georgia. Seitdem arbeitet er als niedergelassener Psychiater in eigener Praxis und lehrt zugleich als Associate Professor of Psychology am West Georgia College in Carrollton.

Paul Perry ist Chefredakteur des «American Health Magazine» und Dozent am Gammett Center for Media Studies. Er ist Autor zahlreicher Artikel und mehrerer Bücher über medizinische Themen.

Dr. Raymond A. Moody
150 Menschen, die einmal im medizinischen Sinne gestorben waren und doch überlebt haben, berichten über ihr
Leben nach dem Tod *Die Erforschung einer unerklärlichen Erfahrung*
rororo sachbuch 60385
Wenn das Ich den Körper verläßt – was kommt danach? Dr. Moody hat jahrelang Berichte von Patienten gesammelt, die bereits klinisch tot waren, dann aber doch weitergelebt haben und nun von ihrer Erfahrung jenseits der Grenze berichten konnten.

Dr. Raymond A. Moody
Nachgedanken über das Leben nach dem Tod
rororo sachbuch 60386

Dr. Raymond A. Moody /
Paul Perry
Das Licht von drüben *Neue Fragen und Antworten*
rororo sachbuch 60387
Welche Auswirkungen hatte die Todesnähe-Erfahrung auf das spätere Leben der Betroffenen? Welche ärztlichen, rechtlichen und ethischen Folgen ergeben sich aus dem vom sterblichen Körper unabhängigen geistigen Erleben im Grenzbereich?

Dr. Raymond A. Moody /
Paul Perry
Leben vor dem Leben
rororo sachbuch 60388
Haben wir vor unserem Leben schon einmal gelebt? Werden wir nach unserem Leben zu einem neuen Leben erwachen? Die Autoren vertiefen sich in die Fragen von Seelenwanderung, Wiedergeburt und Reinkarnation.

rororo sachbuch

rowohlts enzyklopädie

Ein Gesamtverzeichnis der
Reihe *rowohlts enzyklopädie*
finden Sie in der *Rowohlt
Revue*. Jedes Vierteljahr neu.
Kostenlos in Ihrer Buchhand-
lung.